Cla

Be

Orthographe

- Les fiches d'orthographe
- Le dictionnaire des difficultés du français courant

HATIER

Avant-propos

« L'orthographe française est bien trop compliquée ! » « De toute façon, c'est le fond qui compte ! », déclare-t-on communément. Pourtant, à part quelques « exceptions » dont nous sommes, il faut bien l'avouer, très ou trop friands, l'orthographe du français n'est pas si difficile. Fondée sur le bon sens, c'est elle qui, le plus souvent, permet de faire comprendre le fond.

La structure du Bescherelle Poche Orthographe

Ce nouveau **Bescherelle Poche Orthographe** s'articule autour de deux grandes parties : les *fiches d'orthographe* et le *dictionnaire des difficultés du français courant*.
Comprendre, *mémoriser* et *consulter*, tels sont les trois mots-clés qui ont guidé l'élaboration de cet ouvrage.

▶ Les fiches d'orthographe : pour comprendre et mémoriser

On trouvera dans cette partie tous les outils pour acquérir une orthographe correcte, avec des explications accessibles à tous et de nombreux exemples :
– les notions grammaticales de base indispensables : quels sont les types de mots ? qu'est-ce qui s'accorde et avec quoi ?...
– toutes les règles développées avec des mots simples et toujours illustrées d'exemples variés ;
– de nombreux tableaux de synthèse.

© Hatier, Paris 2009 ISBN 978-2-218-93393-6

Toute représentation, traduction, adaptation ou reproduction, même partielle, par tous procédés, en tous pays, faite sans autorisation préalable est illicite et exposerait le contrevenant à des poursuites judiciaires. *Réf. : loi du 11 mars 1957, alinéas 2 et 3 de l'article 41.* Une représentation ou reproduction sans autorisation de l'éditeur ou du Centre français d'exploitation du droit de copie (20, rue des Grands-Augustins, 75006 Paris), constituerait une contrefaçon sanctionnée par les articles 425 et suivants du Code pénal.

▶ Le dictionnaire des difficultés du français courant : à consulter

Cette seconde partie est conçue pour apporter une réponse immédiate à toute question que l'on peut se poser sur l'orthographe de plus de 2 000 mots, pour eux-mêmes (*gène* ou *gêne* ?) ou en situation (*des yeux bleus, des yeux bleu clair ; elle s'est permis de…*). De nombreux exemples illustrent ces situations d'emploi.

Un système de renvois à la première partie permet de passer du cas particulier à la règle générale.

Une vision moderne du français

Le français est une langue vivante, c'est-à-dire une langue que l'on parle, qui s'enrichit de mots nouveaux, qui subit des influences et qui est toujours le témoin de son temps.

▶ La féminisation des noms de métiers, des titres et fonctions

Ainsi, parce que les femmes exercent aujourd'hui des fonctions ou des métiers jusqu'il y a peu réservés aux hommes, de nombreux mots s'enrichissent ou peuvent s'enrichir (l'usage tranchera) de formes féminines : *la procureure, la préfète* (qui n'est plus seulement la femme du préfet !). Nous avons retenu ou proposé ces formes chaque fois que leur usage dans les journaux et les dictionnaires était attesté.

▶ Les rectifications de l'orthographe

Diminuer le nombre d'exceptions, régulariser des familles de mots, mettre de l'ordre dans le pluriel des mots composés, permettre aux mots nouveaux, aux mots d'origine étrangère de s'intégrer dans notre langue sans créer encore d'autres « exceptions », tels étaient certains des objectifs du comité d'experts à l'origine des propositions de rectifications orthographiques parues au *Journal officiel* en 1990. Nous avons retenu ou proposé ces modifications, en deuxième orthographe, chaque fois que leur usage dans les journaux et les ouvrages de référence était attesté.

Ce nouveau **Bescherelle Poche Orthographe** se veut un outil efficace et accessible à tous ceux qui désirent comprendre et maîtriser le fonctionnement de notre langue.

Sommaire

FICHES D'ORTHOGRAPHE

L'orthographe grammaticale

• La nature des mots

1	Les mots lexicaux : nom, verbe, adjectif	13
2	Les mots grammaticaux ou mots-outils	14
3	Un mot peut changer de nature	15

• Le genre des mots : le masculin et le féminin

4-6	Le genre des noms de choses, d'animaux, de personnes	16
7	Les noms à double genre	18
8	Les noms sur lesquels on hésite	19
9-10	Le féminin des noms et des adjectifs	20
11-12	Le féminin des noms de métiers	22

• Le nombre : singulier et pluriel

13	Zéro, un ou plusieurs : le singulier et le pluriel	23
14	Comptable ou non comptable ?	23
15-17	Nom au singulier ou au pluriel après *à, de, en, par, sans* ?	25
18-19	Singulier ou pluriel dans les expressions avec *sans* et *tout* ?	26
20-21	Le pluriel des mots simples et des mots composés	27
22-23	Le pluriel des noms propres	30
24	Le pluriel des mots étrangers	31
25	Le pluriel des mots latins	31

• L'accord : principes généraux

26	Les mots qui s'accordent	32
27	Les mots qui commandent l'accord : règles générales	33

• L'accord des adjectifs qualificatifs

28	L'adjectif se rapporte à un seul nom (ou pronom)	35
29	Il y a plusieurs noms	35
30	L'adjectif se rapporte à un nom qui a un complément	36
31	Plusieurs adjectifs se rapportent à un nom au pluriel	37
32	Adjectifs variables ou invariables ?	38
33	L'accord de l'adjectif avec *avoir l'air*	39
34	L'accord des adjectifs composés	39

• L'accord des adjectifs de couleur

35	L'adjectif qualificatif de couleur	40
36	Le nom employé comme adjectif de couleur	40
37	L'adjectif de couleur suivi d'un mot précisant sa nuance	40
38	Il y a plusieurs adjectifs de couleur	41

• L'accord du nom, des déterminants et des pronoms

39	L'accord du nom : règles générales	42
40	Le complément du nom sans article : *des fruits à noyau*	42
41	Le nom épithète ou apposé : *des dates limites, des tartes maison*	42
42-47	L'accord des déterminants et des pronoms : *aucun, leur, même, tel, tout, quelque*	44

• L'accord des adjectifs numéraux

| 48-49 | Les adjectifs numéraux cardinaux et ordinaux | 48 |

• L'accord du verbe

| 50-54 | L'accord du verbe avec le sujet | 49 |

• L'accord du participe passé

55	L'emploi du participe passé	52
56	Participe passé variable ou invariable ?	53
57-58	L'accord du participe passé employé seul ou avec l'auxiliaire *être*	55
59-62	L'accord du participe passé employé avec l'auxiliaire *avoir*	56
63-66	L'accord du participe passé des verbes pronominaux	59
67-70	L'accord du participe passé suivi d'un infinitif	61

• Les mots qui entraînent des difficultés d'accord

71	Accord avec un collectif : *une foule de, une bande de*	63
72	Accord avec un quantitatif : *peu de, beaucoup de*	63
73	Accord avec *plus d'un, moins de deux, « 1,25 »*	65
74	Accord avec *(l')un des..., un de ceux, une de celles*	65
75	Accord avec les pronoms personnels *l', on, nous, vous*	66
76	Accord avec les pronoms relatifs *qui* et *que*	67
77	Accord avec les pronoms indéfinis *chacun, tout le monde*	68
78	Accord avec *ou, ni... ni, soit ... soit*	69
79	Accord avec *comme, ainsi que, de même que*	70
80	Les noms de jours	71
81	L'infinitif employé comme nom	71
82	Les mots employés comme adjectifs	71
83	Les adjectifs dans les expressions	72

| 84 | Mot invariable ou nom variable ?..72 |
| 85-86 | Participe présent invariable ou adjectif verbal variable ?....73 |

Le verbe et sa conjugaison

• Conjugaisons et groupes de verbes

87	Radical et terminaisons..78
88	Verbe régulier ou irrégulier ?..78
89	Groupes de verbes..79
90	Temps simples et temps composés......................................79

• Les terminaisons pièges

91	*-er* ou *-é* ? infinitif ou participe passé ?..............................80
92	*-rai* ou *-rais* ? futur ou conditionnel présent ?...................80
93	*-ai* ou *-ais* ? passé simple ou imparfait ?............................81
94	*-e* ou *-es* à l'impératif ?..81
95	*-e* ou *-t* au subjonctif ?..81

• Les verbes types

96-97	*Avoir* et *être*...82
98-106	Les verbes réguliers en *-er*..84
107-108	Les verbes *envoyer* et *aller*...91
109-110	Les verbes réguliers en *-ir*..93
111-119	Les verbes irréguliers en *-ir*...94
120-131	Les verbes en *-oir*...100
132-134	Les verbes en *-re*..108

L'orthographe d'usage

• Les sons et les lettres

155	Les sons voyelles..125
156	Les consonnes..126
157	Les semi-consonnes ou semi-voyelles...............................127
158	Une lettre, plusieurs sons..128
159	Le *e* muet..129
160	Le *m* et le *p* au milieu d'un mot......................................130
161	Les consonnes à la fin d'un mot..130

• Les groupes de lettres pièges

162	*-endre* ou *-andre* ?..131
163	*-euil* ou *-ueil* ?..131
164	*-iller* ou *-illier* ?..131
165	*-oin-* ou *-ouin* ?..131

• Les fins de mots difficiles

166	Noms en *-oir* ou *-oire* ?	132
167	Noms féminins en *-té* ou en *-tée* ?	132
168	Noms masculins en *-ée*	132
169	Noms féminins en *-u*	133
170	Adjectifs en *-il* ou en *-ile* ?	133
171	Mots en *-ein* et en *-aim*	133
172	Mots en *-aon*	133

• Consonne simple ou consonne double ?

173	Avec *n* ou *nn* ?	134
174	Avec *l* ou *ll* ?	134
175	Au début des mots	135
176	Avec *t* ou *tt* ?	135

• Erreurs de prononciation, erreurs d'orthographe

177	Les confusions courantes à éviter	136
178	Les liaisons dangereuses	137

• Les accents, la cédille, le tréma et le trait d'union

179-181	L'accent aigu (´) et l'accent grave (`)	138
182	*â, î, û* dans quelques formes verbales	140
183	*â, ê, ô, û* pour distinguer des homonymes	141
184	Avec ou sans accent : les erreurs les plus fréquentes	141
185-186	La cédille et le tréma	143
187	Le trait d'union	144

• L'apostrophe et le phénomène de l'élision

188-189	Les mots qui s'élident	145

• La majuscule

190-191	Avec ou sans majuscule	146
192	Les points cardinaux	147
193	Les noms d'habitants, de peuples, de religions	147

• La ponctuation

194-196	Les principaux signes	148

• Familles de mots et orthographe

197-198	Les familles unies et les familles désaccordées	150
199	Participes présents et dérivés de verbes	151

• Les préfixes pièges

200	Le préfixe *a-*	153
201	Le préfixe *dé-* : *dé-*, *dés-* ou *des-* ?	153
202	Les préfixes *dis-* et *dys-*	153
203	Les préfixes négatifs *il-*, *im-*, *in-*, *ir-*	154
204	Le préfixe *re-* : *re-*, *ré-*, *r-* ou *res-* ?	154

• Les adverbes en *-ment*

205	L'adverbe en *-amment* ou en *-emment*	155
206	Les autres adverbes en *-ment*	155

• Les racines grecques et latines

207	Les racines les plus courantes	157

• Les abréviations

208	L'abréviation uniquement écrite d'un mot	159
209	Les symboles et unités de mesure	159
210	L'abréviation orale et écrite d'un mot jugé trop long	160
211	L'abréviation d'un groupe de mots	160
212	Principales abréviations	161

• Les homonymes et les paronymes

213	Les homonymes grammaticaux : *ce* ou *se* ?	162
214	Les autres homonymes : *amande* ou *amende* ?	164
215	En un mot... ou en deux ? *quoi que* ou *quoique* ?	165
216	Les paronymes	167

• Les principales rectifications de l'orthographe

217-218	Le trait d'union, le tréma et les accents	168
219	Les mots empruntés aux langues étrangères	169
220	Les anomalies	169
221	Le participe passé *laissé* suivi d'un infinitif	169

DICTIONNAIRE DES DIFFICULTÉS DU FRANÇAIS COURANT

- **De À à Z...** tous les mots présentant une difficulté, avec des renvois aux paragraphes des fiches concernées 171

Fiches
d'orthographe

L'orthographe grammaticale

Abréviations et symboles utilisés

adj.	adjectif
adv.	adverbe
conj. ou **conjug.**	conjugaison
f. ou **fém.**	féminin
interj.	interjection
inv.	invariable
m. ou **masc.**	masculin
n.	nom
p.p.	participe passé
part.	participe
pers.	personne
pl. ou **plur.**	pluriel
prép.	préposition
pron.	pronom ou pronominal
sing.	singulier
suiv.	et suivants
v.	verbe

▶ Renvois

➜ renvoi à un paragraphe, une entrée ou une page.

000 Les nombres renvoient aux numéros de paragraphes des fiches.

▶ Autres signes

~~mot barré~~ : forme incorrecte.

| indique que la liaison est interdite : *les | haricots*.

/ indique une alternance : avec **e/è** : *semons*, *sème*.

La nature des mots

Donner la nature d'un mot, c'est dire s'il s'agit d'un nom, d'un pronom, d'un adjectif, etc. C'est dire à quelle **catégorie** ou **classe grammaticale** il appartient.
Du point de vue du sens, on distingue deux grands ensembles de mots : les **mots lexicaux** et les **mots grammaticaux** ou mots-outils.

1 Les mots lexicaux : nom, verbe, adjectif…

Les mots lexicaux désignent des êtres, des objets, des actions, des états, des qualités, etc., pour lesquels on peut formuler une définition.

Catégorie	Rôle	Exemples
Nom	Mot qui nomme, désigne un être ou une chose et qui a un genre grammatical (masculin ou féminin)	*table, cheval, homme, ciel, politique, religion*
Adjectif	Mot qui qualifie le nom et qui s'accorde avec lui en genre et en nombre	*un grand homme, la voiture présidentielle, des enfants sages*
Verbe	Mot qui indique ce que fait ou ce qu'est un être ou une chose	*Une voiture roule. Un oiseau vole. Le ciel est bleu.*
Adverbe	Mot qui précise le sens d'un autre mot ou de la phrase	*Il marche vite. Répondre gentiment.*

2 Les mots grammaticaux ou mots-outils

Les mots grammaticaux ou mots-outils permettent d'établir des relations entre les mots ou entre les phrases. Ces relations ont différentes valeurs.

Catégorie	Rôle	Exemples
Déterminant	Mot qui introduit le nom avec différentes valeurs	*un livre, mon livre, ce livre…*
Pronom	Mot qui se substitue à une personne ou qui remplace un nom ou un élément quelconque de la phrase	*je, tu, on, il, elle…* *ça, le, qui, que, le mien…*
Préposition	Mot invariable qui introduit un complément avec ou sans valeur circonstancielle (lieu, temps, moyen, etc.)	*parler à quelqu'un, jouer avec des dés…*
Conjonction	Mot invariable qui relie deux mots ou deux propositions avec ou sans rapport de dépendance	*et, ou, mais, quand, que, parce que…*
Interjection	Mot invariable qui exprime un sentiment, une émotion	*Ah ! Oh ! Aïe !…*
Adverbe	Certains adverbes (de négation, d'interrogation, d'exclamation) sont des mots-outils	*ne, ni, pas, quand…*

3 Attention ! un mot peut changer de nature

Le plus souvent, un mot n'appartient qu'à une seule catégorie grammaticale : c'est un nom *ou* un adjectif *ou* un verbe, etc. Il arrive toutefois qu'un même mot change de nature grammaticale. Dans ce cas, un mot invariable peut devenir variable et inversement.

▶ Un **adjectif** peut devenir un adverbe ou un nom.
Ces fruits sont chers. [= adjectif, variable]
Ces fruits coûtent cher. [= adverbe, invariable]
des meubles hauts [= adjectif, variable]
des personnages haut placés [= adverbe, invariable]
avoir des hauts et des bas [= nom, variable]

▶ Un **nom** peut devenir un adjectif.
aimer la couleur des turquoises. [= nom]
Elle a un pull turquoise. [= adjectif de couleur invariable] → 36
des limites à ne pas franchir [= nom]
des cas limites [= adjectif, variable]

▶ Un **verbe à l'infinitif** peut devenir un nom.
On regarde le soleil se coucher. [= verbe]
de beaux couchers de soleil [= nom, variable]

▶ Un **verbe au participe** peut devenir un adjectif ou un nom.
Trois personnes ont été blessées. [= participe passé]
Les trois personnes blessées sont là. [= adjectif]
Les trois blessés sont là. [= nom]
les enfants vivant ici [= participe présent, invariable]
des enfants très vivants [= adjectif, variable]
les vivants et les morts [= nom, variable]

▶ Une **préposition** peut devenir un adverbe, un adjectif ou un nom.
On ira au cinéma avant le dîner. [= préposition]
Réfléchissez avant. [= adverbe]
les roues avant d'un véhicule [= adjectif invariable]
les avants au rugby [= nom]

Le genre des mots : le masculin et le féminin

Donner le genre d'un mot, c'est dire s'il est **masculin** ou **féminin**.
Seul le nom a par nature un genre que donne le dictionnaire. Les adjectifs, les déterminants, les pronoms et les participes prennent le genre du nom avec lequel ils s'accordent.

4 Le genre des noms de choses

▶ Le **genre des noms** qui désignent des choses, des actions, des idées est **fixe et arbitraire** : le nom est soit masculin, soit féminin et seul le dictionnaire peut lever les difficultés éventuelles. C'est le cas de tous les noms de choses, d'actions, d'états, etc.
  • Au masculin :

  un arbre, le soleil, un acte
  • Au féminin :

  une plante, la lune, une action

Pour la liste des principaux mots sur le genre desquels on hésite → 8.

5 Le genre des noms d'animaux

Trois cas peuvent se présenter.

▶ Le **genre** du nom est **fixe et arbitraire**.
  • Au masculin :

  un moustique, un crocodile, un dauphin
  • Au féminin :

  une mouche, une girafe, une baleine

Et c'est par l'ajout des termes *mâle* ou *femelle* que l'on précise le sexe, si nécessaire : *un crocodile femelle, une baleine mâle*.

▶ Il y a **deux noms distincts** : un pour le mâle, un pour la femelle.
  • Au masculin :

  un cheval, le cerf, un coq

- Au féminin :

une jument, la biche, une poule

▶ Le **nom** masculin **change de forme** au féminin.
- Au masculin :

le lion, un chat, un chien
- Au féminin :

la lionne, une chatte, une chienne

6 Le genre des noms de personnes

Pour la plupart des noms de personnes, le genre du nom correspond au sexe.
Trois cas peuvent se présenter.

▶ Il y a **deux noms distincts**, un pour le masculin et un pour le féminin.

masculin	féminin
un homme	*une femme*
un garçon	*une fille*
le père	*la mère*

▶ Il y a **un seul nom** pour les deux genres, et seul le déterminant indique s'il s'agit d'un masculin ou d'un féminin.

masculin	féminin
un artiste	*une artiste*
un élève	*une élève*
le pédiatre	*la pédiatre*

▶ Il y a un seul nom, mais **la terminaison change au féminin**.

masculin	féminin
un avocat	*une avocate*
un inspecteur	*une inspectrice*

7 Les noms à double genre

Quelques noms ont un double genre. Ils sont masculins et/ou féminins.

▶ Certains noms s'emploient indifféremment au masculin ou au féminin :

un ou *une après-midi* ; *un* ou *une autoroute* ; *un* ou *une parka* ; *un* ou *une interview*…

▶ Certains noms ont un emploi ou un sens différent selon le genre :
– **amour** est masculin, sauf au pluriel dans la langue littéraire : *les amours enfantines* ;
– **gens** est masculin pluriel, sauf dans *de bonnes gens* ;
– **œuvre** est féminin, sauf pour désigner l'ensemble des œuvres d'un écrivain, d'un artiste : *l'œuvre gravé de Rembrandt* ;
– **orgues** est masculin pluriel pour désigner plusieurs instruments et féminin pluriel quand il désigne un seul grand instrument : *les grandes orgues de Notre-Dame* ;
– **personne** est féminin quand il s'agit du nom :
une personne est venue ;
et masculin quand il s'agit du pronom :
personne n'est venu ;
– **mémoire** est féminin pour désigner la capacité à se souvenir : *avoir de la mémoire* ; et masculin pour désigner un texte, une dissertation sur un sujet précis. Il est masculin pluriel pour désigner l'œuvre rassemblant les souvenirs d'une personne : *écrire ses mémoires*.

▶ Certains noms sont simplement homonymes :
le tour de France / *la tour Eiffel*
un vase pour les fleurs / *la vase de la rivière*

Masculin ou féminin ?

Dit-on *un* ou *une astérisque* ? Le genre des noms de choses est arbitraire. Seul le recours au dictionnaire peut lever une hésitation. La terminaison des mots peut parfois aider, mais pas toujours.
Nous donnons ici une liste de mots sur lesquels on fait le plus souvent erreur.

8 Les noms sur lesquels on hésite

aérogare [fém. *une* ~]
amalgame [masc. *un* ~]
anagramme [fém. *une* ~]
antidote [masc. *un* ~]
antre [masc. *un* ~]
aparté [masc. *un* ~]
argile [fém. *une* ~]
armistice [masc. *un* ~]
aromate [masc. *un* ~]
arrhes [fém. plur.]
astérisque [masc. *un* ~]
autoradio [masc. *un* ~]
câpre [fém. *une* ~]
cerne [masc. *un* ~]
coriandre [fém. *la* ~]
dartre [fém. *une* ~]
échappatoire [fém. *une* ~]
écritoire [fém. *une* ~]
encéphale [masc. *un* ~]
en-tête [masc. *un* ~]

épilogue [masc. *un* ~]
épitaphe [fém. *une* ~]
épithète [fém. *une* ~]
espèce [fém. *une* ~]
haltère [masc. *un* ~]
hémisphère [masc. *un* ~]
interface [fém. *une* ~]
interligne [masc. *un* ~]
oasis [fém. *une* ~]
obélisque [masc. *un* ~]
octave [fém. *une* ~]
omoplate [fém. *une* ~]
orbite [fém. *une* ~]
pétale [masc. *un* ~]
planisphère [masc. *un* ~]
poulpe [masc. *un* ~]
stalactite [fém. *une* ~]
stalagmite [fém. *une* ~]
tentacule [masc. *un* ~]
tubercule [masc. *un* ~]

Le féminin des noms et des adjectifs

Pour les noms qui varient en genre et les adjectifs, le féminin se forme à partir du masculin :
un avocat ➔ *une avocate* ; *un pull bleu* ➔ *une jupe bleue*.

9 Règles générales

⟩ Règle 1

▶ Pour former le féminin on ajoute un **-e** à la forme du masculin.

blessé ➔ *blessée*	*cousin* ➔ *cousine*
apprenti ➔ *apprentie*	*meilleur* ➔ *meilleure*
détenu ➔ *détenue*	*anglais* ➔ *anglaise*
grand ➔ *grande*	*ras* ➔ *rase*
banal ➔ *banale*	*candidat* ➔ *candidate*
partisan ➔ *partisane*	*idiot* ➔ *idiote*

EXCEPTIONS

- Quelques mots terminés par **-s** font **-sse** au féminin :
  gras ➔ *grasse* ; *gros* ➔ *grosse* ; *las* ➔ *lasse* ; *épais* ➔ *épaisse* ; *métis* ➔ *métisse* ; *exprès* ➔ *expresse* ;
- **paysan** fait *paysanne*, contrairement aux autres mots en **-an** qui font **-ane** au féminin (*partisan* ➔ *partisane* ; *courtisan* ➔ *courtisane*) ;
- **nul** fait *nulle*.

⟩ Règle 2

▶ Les mots terminés par **-e** au masculin ne changent pas au féminin.

un artiste ➔ *une artiste* ; *un démocrate* ➔ *une démocrate* ; *un pantalon large* ➔ *une jupe large*

EXCEPTIONS

- Quelques noms terminés par **-e** au masculin ont un féminin en **-esse**, en particulier :

âne ➔ *ânesse*	*maître* ➔ *maîtresse*
comte ➔ *comtesse*	*ogre* ➔ *ogresse*
hôte ➔ *hôtesse*	*tigre* ➔ *tigresse*
prince ➔ *princesse*	*traître* ➔ *traîtresse*

10 Règles particulières

Pour de très nombreux mots, la terminaison du féminin dépend de la terminaison du masculin.

Le masculin est en :	Le féminin est en :	Exemples :
-er, -ier	-ère, -ière	*léger, légère* *fermier, fermière*
-et	-ète ou -ette	*inquiet, inquiète* *muet, muette*
-el, -il, -eil	-elle, -ille, -eille	*cruel, cruelle* *gentil, gentille* *pareil, pareille*
-eur	-eure ou -euse	*meilleur, meilleure* *danseur, danseuse*
-teur	-teuse ou -trice	*menteur, menteuse* *acteur, actrice*
-eux, -oux	-euse, -ouse	*sérieux, sérieuse* *époux, épouse*
-en, -ien, -ion	-enne, -ienne, -ionne	*lycéen, lycéenne* *chrétien, chrétienne* *lion, lionne*
-on	-onne	*breton, bretonne* *bon, bonne*
-f	-ve	*vif, vive* *veuf, veuve*
-eau	-elle	*jumeau, jumelle* *beau, belle*
-c	-que ou -che	*public, publique* *franc, franche*

EXCEPTIONS
- Les mots **doux**, **faux**, **roux**, **vieux** font leurs féminins en *douce, fausse, rousse, vieille*.
- Le mot **ambassadeur** a pour féminin *ambassadrice*.
- Le mot **duc** a pour féminin *duchesse*.
- Le mot **grec** garde le **c** au féminin : *grecque*.

Le féminin des noms de métiers, titres et fonctions

On admet et même on recommande aujourd'hui l'emploi d'un féminin pour tous les noms de métiers, de titres et de fonctions qui n'étaient jusqu'ici employés qu'au masculin (*proviseur, professeur, ministre, préfet*…). On dira donc, sans que cela soit considéré d'un style relâché : *la ministre, la préfète, la commissaire*, etc. Toutefois, cela se fait avec le temps et l'ancien usage n'est pas fautif.

11 Règles générales

- On emploiera toujours le déterminant féminin :
  la ministre, la juge, une imprésario

- Chaque fois qu'un féminin existe déjà, on l'emploiera aussi pour le nom de métier, de titre ou de fonction :
  une soudeuse, une présidente-directrice générale…

- Les règles de formation du féminin s'appliquent normalement :
  la ministre, la garde (des Sceaux)
  la députée, une artisane, une magistrate, une écrivaine, une menuisière, la préfète
  une policière, une chirurgienne, une chercheuse…
  une agricultrice, une conservatrice…

12 Cas particuliers

- Chaque fois qu'une terminaison de féminin est sentie comme difficile, on garde la forme du masculin mais on emploie les déterminants féminins :
  la maire [plutôt que la *mairesse*]
  une junior [plutôt que une *juniore*]
  la chef, une clerc (de notaire), une conseil…

- Pour certains noms en **-eur**, on a le choix entre l'emploi « épicène » (même forme au masculin et au féminin) et l'ajout du **-e** :
  la professeur(e), une ingénieur(e), la proviseur(e)…

Le nombre : singulier et pluriel

Donner le nombre d'un mot, c'est dire s'il est au **singulier** ou au **pluriel** :
Le voilier blanc approche. ➝ *Les voilier*s *blancs approch*en*t*.
La marque du pluriel peut ne pas s'entendre à l'oral, mais elle est présente à l'écrit.

13 Zéro, un ou plusieurs : le singulier et le pluriel

▶ En général, un **nom au singulier** indique qu'il s'agit :
  – d'un seul être ou objet : *un ballon* ;
  – d'une généralité : *la paix* ;
  – d'aucun être ou objet : *zéro bonbon*.

▶ En général, un **nom au pluriel** indique qu'il s'agit de plusieurs êtres ou objets : *deux*, *trois*, *des ballons*.
MAIS certains noms ne s'emploient qu'au pluriel pour désigner une seule chose :

des ciseaux [= une paire de ciseaux]
des lunettes [= une paire de lunettes]
des funérailles [= un enterrement]

14 Comptable ou non comptable ?

▶ Un nom **comptable** désigne des êtres ou des choses que l'on peut compter (*un*, *deux*, *trois*).
Il peut donc être au singulier ou au pluriel :
une caisse, deux caisses, trois caisses.

▶ Un nom **non comptable** désigne une chose que l'on considère dans sa globalité (nom de matière, par exemple), ou une qualité, un état, un concept (nom abstrait).
Les noms non comptables sont presque toujours au singulier :
l'or, le blé, la chance, l'orgueil, la chevelure [singulier]
Ils sont quelquefois au pluriel :
les cheveux [pluriel car globalité]

▶ Certains noms changent de sens selon qu'ils sont **comptables** ou **non comptables** :

non comptable	comptable
de l'ivoire [= la matière]	*des ivoires* [= des objets en ivoire]

▶ Cette distinction est très utile :
  • pour savoir si un nom complément doit être au singulier ou au pluriel :

comptable au pluriel	non comptable au singulier
beaucoup de chapeaux	*beaucoup de chance*
une rangée de livres	*des tables de verre*

  • pour former le pluriel des mots composés :
  – non comptable [invariable] :
  un chasse-neige ➞ *des chasse-neige*
  – comptable [variable]
  un tire-bouchon ➞ *des tire-bouchons*
  ➞ 21

Au singulier ou au pluriel ?

Doit-on écrire *un ciel sans nuage* ou *sans nuages* ?
Quand le **nom** est **employé sans article**, il est parfois difficile de choisir entre le singulier et le pluriel.

15 Nom au singulier ou au pluriel après *à*, *de*, *en* ?

▶ Pour le savoir, il suffit presque toujours de rétablir l'emploi d'un déterminant.

un fruit à noyau [= avec *un* noyau]
un fruit à pépins [= avec *des* pépins]
avoir peu de chance [avoir *de la* chance]
avoir peu de chances de [avoir *des* chances de]
du sucre en poudre [= avec *de la* poudre]
du sucre en morceaux [= avec *des* morceaux]

16 Nom au singulier ou au pluriel après *par* ?

▶ Le nom complément est **au singulier** quand il y a une idée de distribution [= pour chaque].

payer tant par personne
trois fois par jour, par semaine, par an…

▶ Le nom complément est **au pluriel** quand il y a une idée de pluralité.

classer par séries [= en plusieurs séries]
par moments, par instants [= à plusieurs instants]
Ils arrivent par dizaines, par centaines, par milliers.

17 Nom au singulier ou au pluriel après *sans* ?

▶ En général le nom garde le nombre (singulier ou pluriel) qu'il aurait dans une tournure positive. Si l'on remplace *sans* par *avec*, on peut faire apparaître l'article.

une robe sans ceinture [≠ avec *une* ceinture]
une chaussure sans lacets [≠ avec *des* lacets]
un ciel sans nuages [≠ avec *des* nuages]

18 Singulier ou pluriel dans les expressions avec *sans* ?

▶ On écrit **au singulier** les expressions suivantes :

sans commentaire	sans encombre
sans condition	sans faute [= à coup sûr]
sans crainte	sans précédent
sans défense	sans regret
sans doute	

▶ On écrit **au singulier ou au pluriel** : *sans façon(s)* ; *une dictée sans faute(s)* [≠ avec des fautes ou sans aucune faute].

19 Singulier ou pluriel dans les expressions avec *tout* ?

▶ On écrit **au singulier** :

à tout bout de champ, à toute allure, à toute épreuve, à toute heure, à tout hasard, à tout moment, à tout propos, de tout temps, en tout cas, en toute amitié, en toute saison, en tout temps, tout compte fait, tout feu tout flamme, tout coton, tout plein, tout yeux tout oreilles

▶ On écrit **au pluriel** :

à tous égards, à toutes jambes, en toutes lettres, toutes proportions gardées, tous feux éteints, tous azimuts

▶ On écrit **au singulier ou au pluriel** :

à tout coup, à tous coups ; de tout côté, de tous côtés ; de toute(s) façon(s) ; de toute(s) sorte(s) ; en tout sens, en tous sens

Le pluriel des noms et des adjectifs (1) : règles générales

20 Le pluriel des mots simples

▶ En règle générale, les noms et les adjectifs prennent un **-s** au pluriel.
une grande métropole européenne
de grandes métropoles européennes

▶ Mais, selon leur terminaison au singulier, certains noms ou adjectifs font leur pluriel autrement.

Les mots en	Règles et exceptions
-s, -x, -z	ne changent pas au pluriel : *un procès* ➡ *des procès* *un prix* ➡ *des prix* *un nez* ➡ *des nez*
-ou	suivent la règle générale et prennent un **-s** au pluriel : *flou* ➡ *flous* *un sou* ➡ *des sous* SAUF les noms *bijou, caillou, chou, genou, hibou, joujou, pou* qui prennent un **-x** : *des choux, des bijoux*
-al	font leur pluriel en **-aux** : *royal* ➡ *royaux* *un cheval* ➡ *des chevaux* SAUF – les adjectifs : *banal, bancal, fatal, final, glacial, natal, naval, tonal* qui prennent un **-s** : *des chantiers navals* – et de nombreux noms comme : *bal, cal, carnaval, cérémonial, chacal, étal, festival, pal, récital, régal, santal, sisal* – des termes de chimie : *penthotal* – des mots d'origine étrangère : *corral* – des mots déposés : *Tergal*

Les mots en	Règles et exceptions
-ail	font leur pluriel en **-ails** : *un détail* → *des détails* SAUF *bail, corail, émail, soupirail, travail, vantail, vitrail,* qui font leur pluriel en **-aux** : *un bail* → *des baux*
-eau	font leur pluriel en **-x** : *le beau château* → *les beaux châteaux*
-eu, -au	font leur pluriel en **-x** : *un cheveu* → *des cheveux* *un étau* → *des étaux* SAUF les noms : *bleu, feu* [= décédé], *émeu* [= oiseau d'Australie], *pneu, lieu* [= poisson], *landau* et *sarrau* qui prennent un **-s** : *des cheveux bleus*

REM. Certains mots ont deux pluriels avec des sens différents.
œil → *yeux* [pluriel courant] ou *œils* [mots techniques comme *œils-de-bœuf*]
ciel → *cieux* [emplois religieux ou poétiques] ou *ciels* [emplois particuliers ou techniques : *les ciels d'un peintre, des ciels de lit*]
aïeul → *aïeuls* [grands-pères, grands-parents] ou *aïeux* [ancêtres]

21 Le pluriel des mots composés

▶ Un mot composé est formé de plusieurs mots unis le plus souvent par des traits d'union.

Les marques du pluriel peuvent porter sur aucun, un ou plusieurs de ces mots.

un tête-à-tête → *des tête-à-tête*
un tire-bouchon → *des tire-bouchons*
une pomme de terre → *des pommes de terre*
un coffre-fort → *des coffres-forts*

▶ Le **pluriel** des mots composés **dépend de la nature** (nom, verbe, adjectif...) **et de la fonction** (complément, épithète...) des mots principaux qui les composent.

Les règles suivantes permettent de former correctement le pluriel de la plupart des mots composés.

Nature des mots	Exemples	Pluriel
verbe + verbe	un *laissez-passer* ➜ des *laissez-passer*	∅ + ∅
verbe + nom		
– nom non comptable	un *pare-brise* ➜ des *pare-brise*	∅ + ∅
– nom comptable	un *tire-bouchon* ➜ des *tire-bouchon*s	∅ + s
– nom propre	des *prie-Dieu*	∅ + ∅
nom + nom	des *aide*s*-comptable*s des *location*s*-vente*s	s + s
SAUF avec une préposition : – sous-entendue	des *timbre*s*-poste* [= pour la poste] des *assurance*s*-vie* [= sur la vie]	s + ∅
– présente	des *chef*s*-d'œuvre* des *arc*s*-en-ciel*	
adjectif + nom	la *basse-cour* ➜ les *basse*s*-cour*s	s + s
nom + adjectif	un *coffre-fort* ➜ des *coffre*s*-fort*s	s + s
adjectif + adjectif	des *parole*s *aigre*s*-douce*s	s + s
SAUF adjectifs de couleur	des *tissus rouge-orangé*	∅ + ∅
mot invariable + nom ou adjectif		∅ + s
– préposition	des *en-têtes*, des *à-côtés*	
– adverbe	des *haut-parleurs*	
– préfixe, abréviation…	des *anti-inflammatoires*, des *non-dits*, les relations *franco-espagnoles*	
expression	des *on-dit*, des *cessez-le-feu*, des *tête-à-tête*, des *face-à-face*	∅ + ∅

∅ = invariable ; s = prend la marque du pluriel (que ce soit un -*s* ou un -*x*).

Le pluriel des noms et des adjectifs (2) : cas particuliers

Pourquoi écrit-on *les Durand* (sans *s*) et *les Bourbons* (avec *s*) ?
Doit-on dire et écrire *des scénarios* ou *des scenarii* ?

22 Le pluriel des noms propres de personnes

- Les noms propres de **personnes** sont **invariables**.
  les Martin, les Durand
  SAUF quand ils désignent des familles illustres, des dynasties :
  les Bourbons, les Tudors

- On écrira donc, sans marque du pluriel :
  Au musée, j'ai vu deux Renoir. [= deux tableaux de Renoir]

- Quand ils désignent des **types humains**, certains noms propres deviennent des noms communs et prennent la **marque du pluriel**.
  des don Juans, des harpagons

23 Le pluriel des noms propres de lieux

- Les noms propres de **lieux** sont invariables.
  Y a-t-il deux France ?
  SAUF quand plusieurs lieux portent le même nom :
  les deux Amériques

- Certains noms propres de lieux deviennent des **noms communs** quand ils désignent une production locale (vin, fromage…). Ils prennent alors la marque du pluriel et perdent la majuscule.
  En Bourgogne, on a goûté plusieurs bourgognes.
  [= vins de Bourgogne]

24 Le pluriel des mots étrangers

▶ Les mots étrangers peuvent garder leur pluriel d'origine ou suivre les règles du français.
Toutefois, lorsque le mot est bien intégré dans la langue, le pluriel français est à privilégier. On écrira donc :
des sandwichs, des matchs, des spaghettis
Mais les formes *des sandwiches, des matches, des spaghetti* (pluriel italien) ne sont pas fautives.

▶ Quand on choisit le pluriel français, on fera bien attention à ce que l'orthographe du mot soit aussi francisée. Ainsi on écrira :
un scénario (avec é), *des scénarios*, à la française ;
ou *un scenario* (sans accent), *des scenarii*, à l'italienne.

25 Le pluriel des mots latins

⟩ Mots latins francisés

▶ La plupart des mots entrés dans notre vocabulaire courant sont aujourd'hui francisés : ils sont accentués selon la prononciation du français et ils prennent tous un *s* au pluriel.
un accessit, un agenda, un album, un mémento, un référendum
des accessits, des agendas, des albums, des mémentos, des référendums

⟩ Mots latins invariables et sans accent

▶ Les mots qui ont « valeur de citation, de titre », les mots composés et les locutions restent invariables et s'écrivent entre guillemets ou en italique dans les textes.
un Ave, un Pater, un Magnificat, un requiem…
des post-scriptum, le statu quo, des mea-culpa…
a priori, nota bene, ex aequo…

⟩ Mots qui ont les deux orthographes

▶ Pour quelques mots latins, on accepte les deux orthographes
un duplicata → *des duplicata* ou *des duplicatas*
un maximum → *des maximums* ou *des maxima*

REM. Comme pour les autres mots étrangers, on tend à franciser ces mots bien intégrés dans notre vocabulaire. → 219

L'accord : principes généraux

Pour qu'il y ait accord, deux mots au moins sont nécessaires : un mot qui « commande » l'accord, et un mot qui « s'accorde » avec lui :

Une voiture bleue passe devant nous.

[Le mot *voiture* commande l'accord : c'est un nom féminin singulier. Les mots *une* et *bleue* s'accordent en genre (féminin) et en nombre (singulier) avec le mot *voiture*. Le verbe *passe* s'accorde en personne (3e) et en nombre (singulier) avec le nom *voiture*.]

26 Les mots qui s'accordent

Le mot qui « s'accorde » prend les marques du genre (masculin ou féminin), du nombre (singulier ou pluriel) et, dans certains cas, de la personne de cet autre mot.

⟩ Qu'est-ce qui s'accorde, et avec quoi ?

▶ La plupart des **déterminants** s'accordent en genre et en nombre avec le nom qu'ils introduisent.

un chapeau, des chapeaux, ces chapeaux, mes chapeaux

▶ L'**adjectif qualificatif** s'accorde en genre et en nombre avec le nom (ou le pronom) auquel il se rapporte. → 28-31

C'est une belle fille. Elle est belle.

▶ Le **nom** s'accorde en nombre et éventuellement en genre avec le nom (ou le pronom) auquel il se rapporte, quand il est attribut ou apposé. → 39-41

Marie est avocate.
Pierre et Marie, avocats à la cour, sont là.
La girafe [singulier] *est un animal* [singulier].
Les girafes [pluriel] *sont des animaux* [pluriel].

▶ Le **pronom** s'accorde en genre, en nombre et parfois en personne avec le nom ou « la personne » qu'il représente.

Ce livre est le mien.
Celui-ci est à Luce, il est à elle.

▶ Le **verbe conjugué** (ou son auxiliaire aux temps composés) s'accorde en personne et en nombre avec son sujet. → 50-54
Je cours.
Ils courent.

▶ Le **participe passé**, dans les temps composés du verbe, peut :
— ne pas s'accorder : *Elle a couru.*
— s'accorder avec le sujet : *Elle est partie.*
— s'accorder avec le complément d'objet direct : *Marie, je l'ai vue.*
→ 55-70

27 Les mots qui commandent l'accord : règles générales

Quel que soit le mot qui s'accorde (nom, adjectif, etc.), il faut savoir AVEC QUOI il s'accorde.

Un seul mot commande l'accord

▶ Lorsqu'il n'y a qu'un nom (ou un pronom) qui commande l'accord, il n'y a pas de difficulté : le nom a un genre et un nombre, le pronom a le genre et le nombre du nom qu'il représente. L'accord se fait avec ce nom ou ce pronom.

Pierre est grand. Marie est grande.
Il est grand. Elle est grande.
Le fils de ma voisine est grand. La fille de ma voisine est grande.

Plusieurs mots commandent l'accord

Lorsque plusieurs mots commandent l'accord, on peut hésiter.

▶ Les noms sont **tous au masculin** : accord au masculin pluriel.
Pierre, Jacques et Paul sont gentils.

▶ Les noms sont **tous au féminin** : accord au féminin pluriel.
Anne, Marie et Jeanne sont gentilles.

▶ Les noms sont **au masculin et au féminin** : accord au masculin pluriel.
Anne, Marie et Jacques sont gentils.

- Les noms au **singulier** représentent **le même être ou la même chose** : accord au singulier.
  Un homme, un malheureux est venu nous voir.

- Les noms sont **synonymes** : accord avec le dernier nom.
  Donnez-moi une feuille, un papier assez grand pour...

- Les noms sont repris par **un mot qui les résume** : accord avec celui-ci.
  *Les maisons, les voitures, les arbres, tout était détruit /
  la ville entière était détruite.*

Un mot avec son complément commande l'accord

- L'accord se fait selon le sens.
  le ministre de la Justice français
  [C'est le ministre qui est français. On peut dire : *le ministre français de la Justice*.]

  le ministre de l'Éducation nationale
  [Il s'agit de l'*Éducation nationale* et non d'un *ministre national*.]

L'accord de l'adjectif qualificatif (1) : règles générales

Pour bien accorder l'adjectif qualificatif, il faut repérer le ou les mots auxquels il se rapporte. Plusieurs cas peuvent se présenter :
une boîte ancienne → 28
une boîte et un livre anciens → 29
une boîte de thé vert ou verte ? → 30
les civilisations grecque et romaine → 31

28 L'adjectif se rapporte à un seul nom (ou pronom)

▶ Quelle que soit sa fonction, l'adjectif s'accorde en genre (masculin ou féminin) et en nombre (singulier ou pluriel) avec le nom ou le pronom auquel il se rapporte.

Ces livres anciens sont très beaux.
[Les adjectifs *anciens* et *beaux* s'accordent au masculin pluriel avec le nom *livres* auquel ils se rapportent.]

29 Il y a plusieurs noms

L'adjectif se rapporte à tous les noms

▶ Les noms sont au **masculin** : l'adjectif se met au masculin pluriel.

Pierre, Jacques et Paul sont gentils.
Il a un pantalon et un manteau neufs.

▶ Les noms sont au **féminin** : l'adjectif se met au féminin pluriel.

Anne, Marie et Jeanne sont gentilles.
Elle a une jupe et une robe neuves.

▶ Les noms ont un **genre différent** : l'adjectif se met au masculin pluriel.

Pierre, Marie et Jean sont gentils.
Elle a une robe et un manteau neufs.

L'adjectif ne concerne qu'un seul de ces noms

▶ Il s'accorde logiquement avec le nom qu'il concerne.
Elle a une robe et un <u>manteau</u> neuf.
[Seul le manteau est neuf.]

Plusieurs noms désignent le même être ou la même chose

▶ L'adjectif s'accorde avec le dernier nom.
un artiste, une <u>star</u> exceptionnelle

Les noms sont repris, résumés par un nom ou un pronom

▶ L'adjectif s'accorde avec ce nom ou ce pronom.
Les rues, les magasins, la <u>ville</u> entière était déserte.
Les rues, les magasins, <u>tout</u> était désert.

30 L'adjectif se rapporte à un nom qui a un complément

Il s'agit d'un nom quelconque

▶ L'accord se fait selon le sens.
un <u>pot</u> de peinture vert
[C'est le pot qui est vert.]
un pot de <u>peinture</u> verte
[C'est la peinture qui est verte.]

Il s'agit d'un nom collectif (ou d'un quantitatif)

▶ L'accord se fait selon le sens, l'intention, soit avec le collectif (ou le quantitatif), soit avec le complément.
une bande d'enfants joyeux
[On imagine tous les enfants joyeux.]
une bande d'enfants joyeuse et dissipée
[On voit le groupe.]
➡ 71-72

31 Plusieurs adjectifs se rapportent à un nom au pluriel

▶ L'accord se fait selon le sens.
des personnes sympathiques et compétentes
[Toutes sont sympathiques et compétentes : accord au pluriel.]
les civilisations grecque et romaine
[la civilisation grecque + la civilisation romaine : adjectifs au singulier]

▶ L'accord des adjectifs avec des mots comme *on, nous, qui, une dizaine de...* pose les mêmes difficultés que l'accord du participe ou du verbe. ➡ 71 et suiv.

L'accord de l'adjectif qualificatif (2) : cas particuliers

32 Adjectifs variables ou invariables ?

▶ **Bien** est invariable comme adverbe, il reste invariable comme adjectif.

Ce sont des gens bien.

▶ **Chic** et **châtain** sont variables en nombre (singulier ou pluriel), mais invariables en genre.

une mode chic → des modes chics
Elles sont châtains.

▶ **Cher, court, droit, fort, haut…** sont des adverbes, donc invariables, lorsqu'ils modifient un verbe ou un adjectif.

adjectif	adverbe
Des livres chers	*Ils coûtent cher*
Des cheveux courts	*Couper court ses cheveux*
Ils sont forts	*Ils parlent fort*
Ils sont hauts	*Ils sont haut placés*

▶ **Possible** est invariable dans *le plus, le moins (de)… possible*. Il s'accorde dans les autres cas.

Avec accord : *Il a fait toutes les bêtises possibles et imaginables.*
Sans accord : *Il a fait le plus / le moins de bêtises possible.*

▶ **Nu** est invariable avant le nom (sauf dans *nue-propriété*) et variable après.

– Avant le nom : *marcher nu-pieds, aller nu-tête*
– Après le nom : *marcher pieds nus, aller tête nue*

▶ **Demi** est invariable avant le nom auquel il se joint par un trait d'union, et variable en genre après le nom, uniquement.

– Invariable : *une demi-heure → deux demi-heures*
– Variable en genre : *un litre et demi*
une heure et demie → deux heures et demie

33 L'accord de l'adjectif avec *avoir l'air*

▶ L'adjectif attribut s'accorde avec le sujet s'il s'agit d'un nom de chose.
Cette soupe a l'air bonne.

▶ L'adjectif attribut s'accorde le plus souvent avec le sujet mais l'accord avec le mot *air* n'est pas incorrect.
Marie a l'air heureuse ou *l'air heureux.*

▶ L'adjectif s'accorde avec le mot *air* quand celui-ci est précisé, déterminé, complété.
Marie a l'air heureux des gens de son âge.
Marie a un air heureux qui fait plaisir à voir.

34 L'accord des adjectifs composés

▶ L'**adjectif qualificatif composé** de deux adjectifs prend la marque du genre et du nombre sur chacun des deux éléments.
des propos doux-amers
des paroles douces-amères

▶ L'**adjectif de couleur composé** avec ou sans trait d'union est **invariable**.
des fleurs rouge foncé
des coquelicots rouge-orangé

▶ Les **locutions adjectives** sont invariables.
des produits bon marché

L'accord des adjectifs de couleur

La palette des couleurs est infinie et, pour décrire ces teintes, ces tons, ces nuances, on dispose d'adjectifs (*rouge, vert, clair, foncé, vif, moyen*…) et de noms d'objets dont la couleur est caractéristique (*citron, orange, marron*…). On peut aussi, comme le fait le peintre, combiner tous ces éléments.

35 L'adjectif qualificatif de couleur

▶ Il suit la règle générale et **s'accorde en genre et en nombre** avec le nom auquel il se rapporte. Tels sont les adjectifs *blanc, brun, noir, rose, jaune, vert, bleu, rouge, violet*…
un manteau blanc ➜ *des manteaux blancs*
une robe blanche ➜ *des robes blanches*

36 Le nom employé comme adjectif de couleur

▶ Le nom employé comme adjectif de couleur est **invariable**.
Il s'agit de nombreux noms de fruits, de fleurs, d'éléments naturels qui évoquent une couleur. On peut chaque fois dire « de la couleur de ». Il en est ainsi pour des noms comme *citron, orange, marron, grenat, azur, acier, paille, cerise, crème*…
des bracelets turquoise [= de la couleur bleue de la turquoise]
des yeux marron [= de la couleur brune du marron]

37 L'adjectif de couleur est suivi d'un mot qui précise sa nuance

▶ Il s'agit d'adjectifs comme *foncé, vif, éclatant, brillant* ou de noms comme ci-dessus.
L'ensemble forme un **mot composé invariable** :
des yeux bleu clair
des tissus vert bouteille

▶ Lorsque l'adjectif composé est formé de deux adjectifs qualificatifs de couleur, on met un trait d'union : *des yeux bleu-vert*.

38 Il y a plusieurs adjectifs de couleur

▶ Un même objet comporte plusieurs couleurs : les adjectifs sont alors invariables.

un drapeau bleu, blanc, rouge
des drapeaux bleu, blanc, rouge

▶ Plusieurs objets ont chacun leur propre couleur : dans ce cas, les adjectifs s'accordent.

des ballons bleus et rouges

▶ On écrira donc : *des cravates* bleu et rouge pour désigner plusieurs cravates avec chacune du bleu et du rouge, mais on écrira : *des cravates* bleues et rouges pour désigner un ensemble formé de cravates bleues et de cravates rouges.

L'accord du nom

39 Règles générales

Le nom peut s'accorder avec un autre nom (ou un pronom) selon les règles générales de l'accord, tout comme l'adjectif.

▶ Le nom variable en genre s'accorde en genre (masculin ou féminin) et en nombre (singulier ou pluriel), comme l'adjectif.

- Masculin   *Pierre est avocat.*
- Féminin   *Marie est avocate.*
- Masculin pluriel   *Pierre et Marie sont avocats.*

▶ Le nom à genre unique ne s'accorde qu'en nombre :
Elles ont été les grands vainqueurs de ces championnats.
Elles sont restés très bébés.

40 Le complément du nom sans article : *des fruits à noyau, à pépins*

▶ Que le groupe soit au singulier ou au pluriel, le nom complément sans article garde la même forme au singulier et au pluriel.

un bateau à moteur ➜ *des bateaux à moteur*
[Chaque bateau a *un* moteur.]

un bateau à voiles ➜ *des bateaux à voiles*
[Chaque bateau a *plusieurs* voiles.]

41 Le nom épithète ou apposé : *des dates limites, des tartes maison*

Quand le nom suit directement un autre nom, avec ou sans trait d'union, il s'accorde ou reste invariable selon le cas.

▶ Il **s'accorde** si les deux noms désignent le même être ou objet.
des mamans kangourous
des dates limites
[La date est une limite.]

▶ Il est **invariable** s'il est équivalent à un complément introduit par une préposition.

des tartes maison
[= faites *à* la maison]

les rayons bricolage
[= *de* ou *pour* le bricolage]

des produits minceur
[= *pour* la minceur]

les dimanches matin, midi *et* soir
[= *au* matin, *à* midi, *au* soir]

▶ Il est **invariable** s'il s'agit d'un nom d'époque, de style, de mode.

des meubles Empire
des objets design

L'accord des déterminants et des pronoms : *aucun, leur, même*...

42 *Aucun*

▶ **Aucun** est toujours au singulier devant un nom au singulier.
sans aucun bruit
SAUF si ce nom ne s'emploie qu'au pluriel : *sans aucuns frais*.

▶ **D'aucuns** est toujours au pluriel au sens de « quelques-uns, certains ».
D'aucuns pensent que…

43 *Leur* ou *leurs* ?

▶ L'**adjectif possessif** est variable, il s'accorde en nombre avec le mot auquel il se rapporte.
C'est leurs affaires.
[À la 3e pers. du singulier on dirait *ses*.]
Ils n'ont jamais quitté leurs villages.
[Il y a plusieurs villages.]
Ils n'ont jamais quitté leur village.
[Il n'y a qu'un seul village.]

▶ Le **pronom personnel** est invariable.
Je leur parle. Parle-leur.
[Parle à *eux* ; au singulier, on dirait *lui, à lui*.]

44 *Même* ou *mêmes* ?

▶ Placé avant un nom, un pronom, un adjectif... **même** signifie « y compris, et aussi ». C'est un adverbe, il est invariable.
Ils sont tous venus, même les enfants. [= y compris]
Même eux n'ont pas compris.
Elles sont gentilles et même aimables. [= et aussi]

▶ Placé après un pronom, un nom, un adverbe, **même** est un adjectif variable.

Jean, allez-y vous-même. [= *vous* de politesse ; *même* est au singulier.]
Jean et Luce, allez-y vous-mêmes. [= pluriel]
moi-même, eux-mêmes
le jour même, ici même, c'est cela même
Il est la bonté et la gentillesse mêmes.

REM. On met un trait d'union après un pronom personnel.

45 *Tel, telle*

▶ **Tel**, suivi d'un nom avec un article dans une comparaison, s'accorde aujourd'hui avec ce nom.

Elle est partie tel l'éclair.

▶ **Tel**, suivi d'un nom sans article, s'accorde avec ce nom.

Il a eu un tel courage, une telle énergie.
Il viendra tel jour, à telle heure.
Adressez-vous à tel ou tel député.
agir de telle ou telle façon, de telle sorte que

▶ **Tel que** s'accorde avec le nom qui précède.

des hommes tels que Pierre
des activités telles que le tennis, la natation…

▶ **Comme tel, en tant que tel, tel quel** s'accordent normalement avec le nom.

C'est ma supérieure et je la reconnais comme telle.
En tant que telle, votre réclamation n'est pas recevable.
Ils ont laissé les dossiers tels quels. [et non ~~tel que~~]
Ils ont laissé leurs affaires telles quelles. [Ne pas confondre avec *telle(s) qu'elle(s)* : *Ils ont laissé leurs affaires telles qu'elles étaient.*]

46 Tout

▶ **Tout (toute, tous, toutes)** est un déterminant indéfini qui s'accorde avec le nom auquel il se rapporte, quand il signifie « n'importe quel, l'ensemble des, la totalité de ».

Tout homme est mortel. Toute peine mérite salaire.
[n'importe quel homme, n'importe quelle peine]

Il peut être placé devant un article.

Tous les hommes sont égaux en droit.
[= l'ensemble des hommes]

Il a plu toute la journée.
[= la journée entière]

▶ **Tout** est adverbe, et donc invariable, quand on peut le remplacer par *très*. Il signifie « totalement, complètement, tout à fait ».

Il est tout fier. Ils sont tout fiers.
Elle est tout heureuse. Elles sont tout heureuses.
Elle est tout étonnée. Elles sont tout étonnées.
Dans les tout premiers jours de juillet.

MAIS devant un adjectif ou un participe féminin qui commence par une consonne ou un *h* aspiré (= sans liaison), *tout* s'accorde par « euphonie », c'est-à-dire pour une prononciation harmonieuse.

Elle est toute contente. Elles sont toutes contentes.
Elle est toute honteuse. Elles sont toutes honteuses.

▶ **Tout autre**. En vertu de ce qui précède, on écrira donc :

C'est une tout autre chose. [= une chose totalement, très différente]
MAIS

Toute autre chose, toute autre précision serait inutile.
[n'importe laquelle]

47 Quelques ou quelque ?

▶ **Quelque**, adjectif indéfini, est employé devant un nom au singulier quand il signifie « un certain ».

Il y a déjà quelque temps, en quelque sorte.
[= un certain temps, d'une certaine manière]

▶ **Quelques**, adjectif indéfini, est employé devant un nom au pluriel quand il signifie « plusieurs ».

quelques centaines de personnes
[= plusieurs]

L'expression **et quelques** est toujours au pluriel.

Ils étaient vingt et quelques.

▶ **Quelque**, adverbe, est employé devant l'expression d'un nombre.

les quelque cent personnes qui étaient là
[= environ]

▶ **Quelque** et **quel que** ne doivent pas être confondus. ➔ 215

L'accord des adjectifs numéraux

48 Les adjectifs numéraux cardinaux

Les adjectifs numéraux cardinaux indiquent le nombre.
Ils sont invariables sauf *un*, *cent* et *vingt*.

▶ **Un** s'accorde en genre (masculin ou féminin).

vingt et un chapitres / vingt et une pages

REM. Il n'y a pas d'accord devant *mille* : *vingt et un mille personnes*.

▶ **Cent** prend un **s** quand il est multiplié : *cent ans, deux cents ans*

SAUF quand il est suivi d'un autre numéral : *deux cent trois ans*,
ou quand il est employé comme ordinal.

page deux cent [= la deux centième page]

▶ **Vingt** prend un **s** dans **quatre-vingts** : *quatre-vingts ans*

SAUF quand il est suivi d'un autre numéral :
Il a quatre-vingt-deux ans.

ou quand il est employé comme ordinal :

page quatre-vingt [= la quatre-vingtième page]

▶ **Mille** est toujours invariable, qu'il soit adjectif numéral : *trois mille soldats*, ou employé comme nom : *gagner des mille et des cents* ; *une vingtaine de mille* (= milliers).

REM. **Million** et **milliard** ne sont pas des adjectifs, mais des noms. Ils prennent donc la marque du pluriel : *trois milliards et deux cents millions de personnes*.

49 Les adjectifs numéraux ordinaux

Les adjectifs numéraux ordinaux indiquent le rang, l'ordre.

▶ Ils s'accordent en nombre avec le nom ou le pronom.

Ils sont cinquièmes ex-aequo.

▶ **Premier** et **second** s'accordent aussi en genre.

Il est premier, elle est première.

REM. Lorsque deux adjectifs numéraux se rapportent au même nom au pluriel, ils restent au singulier : *les dix-septième et dix-huitième siècles*.

L'accord du verbe avec le sujet

50 Règles générales

▶ Aux temps simples, le verbe s'accorde en personne (1re, 2e ou 3e personne) et en nombre (singulier ou pluriel) avec le sujet.

	singulier	pluriel
1re pers.	*je viens*	*nous venons*
2e pers.	*tu viens*	*vous venez*
3e pers.	*le chien aboie* *il aboie*	*les chiens aboient* *ils aboient*

▶ Aux temps composés, c'est l'auxiliaire (*avoir* ou *être*) qui s'accorde en personne et en nombre avec le sujet.

Le chat est parti. ➜ *Les chats sont partis.*

REM. Le participe passé, lui, suit des règles particulières d'accord.

51 Comment trouver le sujet ?

Le sujet répond toujours à la question *Qui est-ce qui ?* ou *Qu'est-ce qui ?*

⬔ Le sujet n'est pas toujours à la même place dans la phrase

▶ Le sujet est le plus souvent placé avant le verbe.
Voilà ce que tes amis diront.

▶ Le sujet peut se trouver placé après le verbe.
Voilà ce que diront tes amis.

▶ Le sujet peut être très éloigné du verbe.
Tous les soirs, le petit chat de ma voisine, qui habite au 5e étage et qui est très gentille, vient sur le rebord de ma fenêtre.

⬔ Le sujet est un pronom

▶ Le verbe s'accorde avec ce pronom.
Luce n'est pas loin, elle arrive.

52 Le verbe a plusieurs sujets

Il y a plusieurs sujets au singulier

▶ Le verbe se met au pluriel.
Pierre, Marie et Jacques viennent demain.

SAUF si les sujets représentent le même être ou la même chose :
Un mendiant, un pauvre hère a frappé à ma porte.

REM. Certains mots entraînent des difficultés particulières : *et, ou, ni, l'un des, comme, ainsi que, c'est…* ➔ 71 et suiv.

Un des sujets est un pronom personnel (1re, 2e ou 3e pers.)

▶ Le verbe se met à la 1re personne du pluriel si on peut dire *nous*.
Toi et moi irons au cinéma.
Pierre et moi irons au cinéma.

▶ Le verbe se met à la 2e personne du pluriel si on peut dire *vous*.
Pierre et toi irez au cinéma.
Lui et toi irez au cinéma.

▶ Le verbe se met à la 3e personne du pluriel si on peut dire *ils, eux* ou *elles*.
J'ai vu Pierre. Lui et Jacques viendront demain.

53 Le sujet est le pronom *qui*

Le pronom relatif *qui* joue un rôle de relais. Il transmet le nombre et la personne de ce qu'il représente, remplace : son antécédent.

▶ Le verbe s'accorde avec cet antécédent.
Moi qui suis ici… [1re pers. du singulier]
C'est toi qui as vu le film. [2e pers. du singulier]
C'est toi et moi qui lui porterons…
[1re pers. du pluriel, on peut dire *nous*]
Pierre et moi qui sommes amis… [1re pers. du pluriel]
Je suis celle qui peut t'aider. [3e pers. du singulier].
Nous ne sommes pas de ceux qui pensent ça.
[3e pers. du pluriel]

54 Accord du verbe avec *une foule de, une série de, une dizaine de, beaucoup de, peu de...*

◗ **Le groupe sujet comporte un collectif précédé de *un* ou *une***

▶ Le verbe s'accorde avec le collectif ou avec son complément au pluriel.
Une foule de gens votera pour lui.
Une foule de gens voteront pour lui.

◗ **Le groupe sujet comporte un quantitatif**

▶ Le verbe s'accorde avec le complément du quantitatif.
Peu de gens voteront pour lui.
Beaucoup de monde viendra.
Beaucoup d'enfants aiment jouer.

REM. Tous ces mots peuvent entraîner des difficultés particulières.
➜ 71 et suiv.

L'accord du participe passé : principes généraux

Le participe passé est une forme de la conjugaison du verbe, qui, dans certains cas, peut devenir un adjectif.

Ils ont chanté.
[forme du verbe : passé composé]
une œuvre chantée
[forme proche de l'adjectif]
Il a abandonné son travail.
[forme du verbe : passé composé]
une maison abandonnée
[adjectif]

Dans la plupart des cas, le participe s'accorde quand il est proche de l'adjectif.

55 L'emploi du participe passé

Le participe passé s'emploie

▶ Avec les auxiliaires *avoir* ou *être* pour former les temps composés des verbes à la voix active :
Elle a couru.
Elle est arrivée.

▶ Avec l'auxiliaire *être* pour former les temps composés des verbes pronominaux ou la conjugaison passive :
Elle s'est promenée.
Le bandit est recherché par la police.

▶ Seul comme un adjectif :
une chanson très connue

Le participe passé peut être **invariable ou variable** en genre (masculin ou féminin) et en nombre (singulier ou pluriel), par le phénomène de l'accord.

56 Participe passé variable ou invariable ?

Le participe passé est invariable

▶ Si le verbe est impersonnel (le sujet est le pronom neutre *il*) :
Quelle chaleur il a fait hier !
Il est arrivé deux grands malheurs.

▶ Si le verbe conjugué avec l'auxiliaire *avoir* n'a pas de complément d'objet direct (COD) :
Elle a couru.
Ils ont grandi.

▶ Si le complément d'objet direct (COD) suit le verbe dans l'ordre normal **sujet-verbe-COD** :

actif [auxiliaire *avoir*]	pronominal [auxiliaire *être*]
Ils ont acheté des pommes. verbe COD	*Ils se sont acheté des pommes.* verbe COD

▶ Si le verbe, conjugué avec *avoir* à la voix active ou avec *être* à la voix pronominale, a un complément d'objet indirect (COI), c'est-à-dire introduit par une préposition :

actif	pronominal
Elle a succédé à son père. verbe COI *Ils ont parlé à Jacques.* verbe COI	*Ils se sont succédé.* *Ils se sont parlé.*

Le participe passé est variable et s'accorde

▶ **Avec le sujet**
• d'un verbe conjugué à l'actif ou au passif avec l'auxiliaire *être* :

actif	passif
Elle est partie très loin. *Ils sont devenus de bons amis.*	*La souris sera mangée par le chat.* *Les voleurs ont été arrêtés par la police.*

- d'un verbe essentiellement pronominal sans complément d'objet (COD) :
Elle s'est enfuie.
Ils se sont emparés de la ville.
➜ 63

▶ **Avec le COD** si celui-ci précède l'auxiliaire, dans l'ordre **COD-sujet-verbe** ou **sujet-COD-verbe**, d'un verbe conjugué à l'actif ou à la voix pronominale.

actif	pronominal
Quels beaux films j'ai vus ! *Ces fleurs, je les ai cueillies pour vous.*	*Quels beaux cadeaux elles se sont offerts !*

➜ 59

L'accord du participe passé employé seul ou avec l'auxiliaire *être*

57 Règles générales

▶ Le participe passé des verbes conjugués avec l'auxiliaire *être* s'accorde en genre (masculin ou féminin) et en nombre (singulier ou pluriel) avec le sujet, comme un adjectif s'accorde avec le nom auquel il se rapporte.

Pierre est parti.
Aline est partie.
Pierre et Aline sont partis.
La soirée a été réussie.

Attention ! le sujet peut se trouver après le verbe :
Quel rôle est appelée à remplir une secrétaire ?

REM. Pour les verbes pronominaux, qui se conjuguent aussi avec l'auxiliaire *être*, les règles d'accord sont délicates. ➜ 63-66

▶ Employé seul, le participe passé s'accorde avec le nom ou le pronom auquel il se rapporte, comme un adjectif.
Pierre parti, nous avons…
Vue d'en haut, la mare avait l'air minuscule.
Terrible accident : une femme tuée, six hommes blessés.

58 Cas particuliers

▶ Certains participes passés, employés seuls devant le nom auquel ils se rapportent, sont invariables.
Excepté une fillette blonde, tous étaient bruns.
Vu les circonstances…
Veuillez trouver ci-joint, ci-annexé, ci-inclus deux chèques.

MAIS quand ils sont après le nom, ils s'accordent.
Une fillette exceptée…
Les chèques ci-joints…

L'accord du participe passé employé avec l'auxiliaire *avoir*

59 Règles générales

▶ Le participe passé conjugué avec l'auxiliaire *avoir* est invariable, SAUF quand un complément d'objet direct (COD) précède le verbe. Dans ce cas, le participe s'accorde avec le COD.

invariable : sans accord	
verbe sans COD :	*Elles ont marché, couru, dansé.* [verbes intransitifs : pas de COD] *Ils nous ont parlé, plu, succédé.* [On parle, on plaît, on succède *à* quelqu'un : *nous* n'est pas un COD.]
verbe + COD :	*Tu as cueilli de belles fleurs.* *J'ai écrit cette lettre hier.* [COD après le verbe]

variable : accord avec le COD	
COD + verbe :	*Quelles belles fleurs tu as cueillies !* [*fleurs*, féminin pluriel, est COD] *Ces fleurs, je les ai cueillies pour toi.* *Cette lettre que j'ai écrite hier...*

▶ Pour vérifier qu'il y a bien accord, il suffit presque toujours de rapprocher le COD et le participe : le participe (dans ce cas employé seul) s'accorde avec le nom auquel il se rapporte : *Cette lettre, écrite hier... Ces fleurs* [que j'ai] *cueillies pour toi sont belles.*

60 Comment trouver le COD ?

▶ Le COD répond en général aux questions *Quoi* ou *Qu'est-ce que ?* (pour les choses), *Qui* ou *Qui est-ce que ?* (pour les personnes).
Le menuisier fabrique quoi ? Qu'est-ce qu'il fabrique ?
– Il fabrique des meubles. [*meubles* est COD de *fabriquer*.]
Qui as-tu rencontré ? Qui est-ce que tu as rencontré ?
– J'ai rencontré Pierre. [*Pierre* est COD de *rencontrer*.]

▶ Le COD est placé avant le verbe (ou l'auxiliaire)
- dans une question ou une exclamation :

Quels fruits cueilles-tu ? Quels beaux fruits tu as cueillis !

- quand il est repris par un pronom personnel :

Ces cerises, je les cueille pour vous.
Je les ai cueillies pour vous.

- ou quand il est repris par le pronom relatif que :

Les cerises que j'ai cueillies…

61 Accord avec des verbes comme *coûter, mesurer, peser, vivre*

▶ Comparons ces deux phrases :

Pierre, le marchand de fruits, pèse les pommes.
[Il pèse quoi ? *les pommes* : COD.]

Pierre, le marchand de fruits, pèse 80 kilos.
[Il pèse combien ? *80 kilos* : complément de mesure.]

▶ Il ne faut pas confondre le complément de mesure (longueur, poids, temps, prix), qui répond à la question *Combien ?* et le complément d'objet direct, qui répond à la question *Quoi ?*
Avec un complément de mesure, le participe est invariable ; avec un complément d'objet direct, le participe s'accorde.

invariable (combien ?)	variable (quoi ?)
Il a vécu deux ans en Angleterre. *Les deux ans qu'il a vécu en Angleterre…*	*Il a vécu deux drames.* *Les deux drames qu'il a vécus…*
Ce livre m'a coûté 10 euros. *Les 10 euros que ce livre m'a coûté…*	*Ce travail lui a coûté des efforts.* *Les efforts que ce travail lui a coûtés.*

62 Cas particuliers

▶ Avec le pronom **en**, le participe passé employé avec l'auxiliaire *avoir* est le plus souvent invariable.

As-tu mangé des cerises ? – Oui, j'en ai mangé. [= de cela]
Des films comme ça, je n'en ai jamais vu !

MAIS il peut s'accorder si c'est l'idée de pluriel qui prédomine :
Tant de livres ! Combien en as-tu achetés ?

▶ Quand le pronom **l'** représente une phrase, le participe est invariable.

Elle est plus forte que je l'avais pensé.

▶ Avec des verbes comme **dire, donner, devoir, croire, vouloir, permettre…**, le participe s'accorde logiquement avec son propre COD.

J'ai entendu les choses que tu m'as dites.

MAIS il est invariable dans des phrases comme :

J'ai fait toutes les choses que tu m'as dit (de faire), *que tu as voulu* (que je fasse).

[Le mot *choses* est COD du deuxième verbe *faire* (exprimé ou non).]

▶ Suivi d'un infinitif, le participe passé s'accorde logiquement avec son complément d'objet direct.

Marie, je l'ai entendue chanter.

[J'ai entendu qui ? *Marie* (COD) = qui chantait.]

MAIS pas avec celui de l'infinitif.

Ces airs que j'ai entendu chanter…

[J'ai entendu (quelqu'un) chanter quoi ? *ces airs*.] → 67-70

L'accord du participe passé des verbes pronominaux

On appelle « verbe pronominal » un verbe qui s'emploie **avec un pronom réfléchi** (*me, te, se, nous, vous, se*).
Il s'agit de verbes comme : *s'enfuir, s'emparer de, se méfier de, se souvenir de, s'abstenir, s'écrier, s'apercevoir de*…, dans lesquels le pronom réfléchi ne représente rien ;
ou de verbes comme : *s'habiller, se laver, se battre, se succéder, se permettre de*…, dans lesquels le pronom réfléchi représente le ou les sujets.

63 Accord avec des verbes comme *s'enfuir, se souvenir, s'apercevoir de*…

▶ Le pronom réfléchi ne représente rien. **Le participe s'accorde avec le sujet.**

Elles se sont enfuies.
Ils se sont emparés de la ville.
Elle s'est aperçue de son erreur.

SAUF si le verbe pronominal se construit avec un COD (qui répond à la question *Quoi ? Qui ?*) : *Ils se sont arrogé ce droit.* → 66

64 Accord avec des verbes comme *s'habiller, se regarder, se promener, se battre*…

▶ Le pronom réfléchi représente le ou les sujets et il est COD.
Il répond à la question *Qui ?* ou *Quoi ?* **Le participe s'accorde avec le sujet** repris par le pronom réfléchi.

Elle s'est regardée dans la glace.
[= elle a regardé qui ? elle-même]

Pierre et Marie se sont regardés.
[l'un a regardé l'autre, l'autre a regardé l'un]

REM. Il s'agit de verbes qui se construisent avec un COD à l'actif : *on regarde quelqu'un* ou *quelque chose, on habille quelqu'un, on promène quelqu'un* ou *un animal*, etc.

65 Sans accord avec des verbes comme *se succéder, se permettre, se mentir, se plaire*…

▶ Le pronom réfléchi représente le ou les sujets mais il n'est pas COD. Il répond le plus souvent à la question *à qui ?* ou *à quoi ?* **Le participe est invariable.**

Elle s'est permis de répondre.
[elle a permis à qui ? *à* elle-même]

Ils se sont parlé. [= l'un *à* l'autre]

les présidents qui se sont succédé

SAUF si le verbe pronominal se construit avec un COD (qui répond à la question *Quoi ? Qui ?*). → 66

REM. Il s'agit de verbes qui se construisent à l'actif avec un complément d'objet indirect (avec une préposition) : *on ment, on nuit, on plaît, on succède à quelqu'un.*

66 Le verbe pronominal se construit avec un complément d'objet direct (COD)

Les règles sont les mêmes que pour le participe employé avec l'auxiliaire *avoir*. → 59

▶ Le COD est placé **après le verbe**. Il répond à la question *Quoi ?* ou *Qui ?* **Le participe est invariable.**

Elles se sont offert [quoi ?] *des cadeaux.*
      verbe   +   COD

Ils se sont écrit des lettres.
Elles se sont arrogé des droits.
Elle s'est lavé les mains.

▶ Le COD est placé **avant le verbe** : **le participe s'accorde** avec le COD ou le pronom qui le représente.

Quels beaux cadeaux elles se sont offerts !
    COD   +   verbe

les lettres qu'ils se sont écrites
les droits qu'elles se sont arrogés
Quelle jambe s'est-il cassée ?

REM. 1. Il s'agit le plus souvent de verbes qui ont deux compléments à l'actif, un direct et l'autre indirect, du type *donner, offrir, demander quelque chose à quelqu'un.*
2. Il ne faut pas confondre : *Elle s'est lavée.* [= elle-même ; *s'* est COD] et : *Elle s'est lavé les mains.* [= les mains à elle ; *s'* est COI].

L'accord du participe passé suivi d'un infinitif

67 Avec l'auxiliaire *être*

▶ L'infinitif qui suit le participe ne modifie en rien les règles d'accord avec le sujet.

Ils sont partis chercher du pain.

68 Avec l'auxiliaire *avoir*

▶ Il faut faire attention au complément d'objet direct (COD). Le COD est-il complément du participe ou de l'infinitif ?

- **Si le COD est complément du participe passé** et sujet de l'infinitif, il y a accord.

Marie, je l'ai entendue chanter.
[COD] [verbe]
[= J'ai entendu qui ? *Marie*. C'est elle qui chantait.]

- **Si le COD est complément de l'infinitif**, il n'y a pas d'accord.

Ces airs, je les ai entendu chanter.
[COD] [verbe]
[= J'ai entendu chanter quoi ? *ces airs*.]

REM. Le participe passé est invariable si on peut ajouter *par* et un complément indiquant qui fait l'action exprimée par l'infinitif : *Ces airs, je les ai entendu chanter par Damia.*

69 Avec un verbe pronominal

▶ Avec les verbes pronominaux les règles d'accord sont les mêmes qu'avec l'auxiliaire *avoir*.

avec accord	sans accord
Elle s'est vue, sentie mourir. COD du verbe conjugué [Elle a vu, senti elle-même qui mourait.]	*Elle s'est senti piquer par un moustique.* COD du verbe à l'infinitif

70 Les participes *fait* et *laissé* suivis d'un infinitif

⊃ Le participe passé *fait* suivi d'un infinitif est toujours invariable

▶ *Fait* suivi d'un d'un infinitif est invariable parce que le COD est toujours complément du groupe *fait* + infinitif, jamais du seul participe *fait*.

la maison qu'ils ont fait construire
[Ils ont *fait construire* quoi ? une maison.]
la maison qu'ils se sont fait construire
la robe qu'elle a fait faire
la robe qu'elle s'est fait faire

⊃ Le participe passé *laissé* suivi d'un infinitif

▶ Il est **invariable** si on considère qu'il s'agit du groupe *laisser* + infinitif.

Il a laissé tomber ses études.
      verbe   COD

Il les a laissé tomber.
Elle s'est laissé aller.
Elle s'est laissé guider [par quelqu'un].

▶ Il est **variable** si on considère que *laisser* et le verbe à l'infinitif sont indépendants. Dans ce cas l'accord se fait comme au paragraphe 68.

Il a laissé les bûcherons couper ces arbres.
  verbe   COD   verbe   COD

Il les a laissés couper ces arbres.
   COD   verbe

Ces arbres, qu'il a laissé couper…
   COD   verbe

▶ Ces distinctions sont subtiles et on recommande aujourd'hui d'écrire : *laissé* + infinitif (invariable), sur le modèle de *fait* + infinitif. ➡ 221

Les mots qui entraînent des difficultés d'accord (1)

Les différents types de mots suivants entraînent des difficultés d'accord du verbe, du participe, de l'adjectif.

71 Accord avec un collectif : *une foule de, une bande de...*

Un « collectif » est un nom qui désigne un ensemble, un groupe de personnes, d'animaux ou de choses. Le collectif est toujours suivi d'un nom au pluriel.

▶ Si le collectif est employé avec *un, une*, l'accord se fait
- **avec le collectif au singulier** :
  Une nuée d'oiseaux s'est envolée.
  une bande d'enfants très gaie
  Une foule de gens votera pour lui.
  [On insiste sur l'idée de groupe.]
- **ou avec le complément au pluriel** :
  Une nuée d'oiseaux se sont envolés.
  une bande d'enfants très gais
  Une foule de gens voteront pour lui.
  [On insiste sur les éléments du groupe.]

▶ Si le collectif est employé avec *le, la, mon, ma, ce, cette...*, ou avec un adjectif épithète, l'accord se fait **avec le nom collectif au singulier** puisque c'est sur l'idée de groupe qu'on insiste.
Cette foule de badauds était impressionnante.
Une foule impressionnante de badauds était arrivée.

72 Accord avec un quantitatif : *peu de, beaucoup de, une dizaine de...*

On appelle « quantitatif » tout adverbe ou nom de quantité, de fraction ou de pourcentage, qui s'emploie avec un complément introduit par *de* : *peu de, la plupart de, quantité de, la moitié de...* Selon les cas, ce complément peut être au singulier ou au pluriel :

◗ **Avec un adverbe de quantité comme** *peu de*, *beaucoup de*, *combien de*, *trop de*, etc.

▶ L'accord se fait avec le complément au singulier ou au pluriel.
Peu de gens pensent comme toi.
Beaucoup de monde est venu.
Beaucoup de gens sont venus.
Beaucoup de vaisselle fut cassée.

▶ Si le nom est sous-entendu ou s'il n'est pas repris dans la phrase, l'accord se fait de la même manière.
Beaucoup pensent que… [= beaucoup de personnes]
Toute la vaisselle est tombée, il y en a eu beaucoup de cassée.

REM. Employé seul comme sujet, *combien* entraîne l'accord du verbe au pluriel : *Combien viendront ? Combien pensent que… ?*

◗ **Accord avec** *nombre de*, *quantité de*, *la plupart de*…

▶ Avec des expressions de quantité, l'accord se fait toujours avec le complément au pluriel.
La plupart des gens sont venus.
Nombre de ses amis étaient présents.
Quantité de livres ont été abîmés.

▶ Si le nom est sous-entendu, l'accord se fait de la même manière : *La plupart sont venus.*

◗ **Accord avec** *une dizaine de*, *une centaine de*, *un millier de*, *un million de*…

▶ Avec ces quantitatifs, l'accord se fait avec le complément au pluriel.
Une dizaine de personnes sont venues.
Un millier d'habitants ont été évacués.

SAUF si c'est sur la quantité qu'on insiste. Dans ce cas, le quantitatif est employé avec *le*, *la*, *mon*, *ma*, *ce*, *cette*, etc., ou avec un adjectif épithète.
Cette (seule) douzaine d'œufs vous suffira.

◗ **Accord avec une fraction ou un pourcentage**

▶ Avec *la moitié de*, *un quart de*, *20 % de*, *la majorité de*… l'accord se fait avec le complément ou avec l'expression de la fraction ou du pourcentage selon l'intention.

La moitié des clients de l'hôtel sont repartis avec leurs bagages.
La moitié du terrain est boueuse.
20% de la population pense (ou pensent) que…
La majorité des femmes sont mères à cet âge.
Une minorité d'employés est représentée (ou sont représentés).

73 Accord avec *plus d'un, moins de deux*, « 1,25 »

◗ Accord avec *plus d'un* et *moins de deux*

▶ Le verbe est au singulier avec **plus d'un** et au pluriel avec **moins de deux**.

Plus d'un mois s'est écoulé.
Moins de deux mois se sont écoulés.

◗ Accord avec *1,25 (1,50…)*

▶ Le pluriel commençant à « deux », le nom de l'unité reste **au singulier**.

1,25 kilo
1,75 million d'euros

74 Accord avec *(l')un des…, un de ceux, une de celles*

▶ Avec **(l')un des…**, l'accord se fait au pluriel ou au singulier selon le sens.

C'est un des films qui m'ont plu cette saison.
 [= un parmi les films qui…]

L'un des élèves que j'ai interrogés…
 [= J'ai interrogé plusieurs élèves.]

L'un des élèves, que j'ai interrogé…
 [= On ne parle que de cet élève.]

▶ Avec **un de ceux, une de celles**, l'accord se fait toujours au pluriel.

Une de celles qui sont venues…

75 Accord avec les pronoms personnels *l'*, *on*, *nous*, *vous*

Accord avec *l'*

▶ Le participe s'accorde avec le nom représenté par **l'**.
Au pluriel, on pourrait dire *les* (*je les ai vus*).
J'ai vu <u>Pierre</u>, je l'ai vu.
J'ai vu <u>Marie</u>, je l'ai vue.

▶ Le participe est invariable quand **l'** représente une phrase.
On ne peut pas dire *les*.
Je te l'ai déjà dit.
Elle est plus forte que je l'avais cru.

Accord avec *on*

▶ Avec le pronom sujet **on**, le verbe est toujours au singulier.
On va, on vient, on part…

▶ Quand **on** signifie « quelqu'un, n'importe qui, tout le monde », etc., l'accord de l'adjectif ou du participe se fait au masculin singulier et le pronom réfléchi est *soi*.
On n'est jamais si bien servi que par soi-même.

▶ Quand **on** est employé à la place de *nous*, le verbe (ou l'auxiliaire) reste au singulier, mais l'adjectif et le participe sont au pluriel. Le pronom réfléchi est *nous*.
On est arrivés, on est arrivées en retard. On est rentrés chez nous.

▶ Quand **on** est employé à la place de *tu* ou de *vous*, le verbe reste au singulier, mais l'adjectif et le participe s'accordent en genre et en nombre selon le sens.
Alors, Sylvie, on est contente ? Alors, les filles, on est contentes ?

Accord avec *nous*, *vous*

▶ Si le pronom est complément d'objet direct (COD), le participe s'accorde en genre et en nombre avec les personnes que le pronom représente.
Il nous a vus. Il vous a vues [vous, les filles].

▶ Si le pronom est complément d'objet indirect (COI), le participe est invariable.

Il nous (vous) a parlé.

▶ Quand *nous* (ou *vous*) représente une seule personne (*nous* de majesté ou de modestie, *vous* de politesse), le verbe reste au pluriel, mais l'adjectif et le participe s'accordent en genre selon le sexe de la personne représentée.

Nous [la reine] *sommes ravie de…*
Nous [l'auteur du texte] *sommes persuadé que…*
Vous [Marie] *êtes ravie de…*

▶ Avec *beaucoup d'entre nous* (*vous*), *la plupart d'entre nous* (*vous*), *certains d'entre nous* (*vous*)… le verbe se met aujourd'hui à la troisième personne du pluriel.

Beaucoup d'entre nous pensent que…

76 Accord avec les pronoms relatifs *qui* et *que*

Les pronoms relatifs **qui** et **que** sont des relais qui transmettent le genre et le nombre du mot qu'ils représentent : leur « antécédent ». L'accord se fait toujours avec cet antécédent.

⊃ Accord avec *qui* sujet

La femme qui est venue…
Les hommes qui sont venus…
Moi qui suis, toi qui es, lui qui est, nous qui sommes…
C'est Jacques et moi qui irons. [= nous]
C'est Jacques et toi qui irez. [= vous]
Ceux d'entre nous qui pensent que… [= accord avec le sujet *ceux*]

⊃ Accord avec *que* (COD ou attribut)

La personne que j'ai rencontrée…
La femme que je suis devenue…

REM. Quand le pronom relatif est complément de mesure, il n'y a pas d'accord : *Les cent kilos qu'il a pesé autrefois sont oubliés.* ➔ 61

77 Accord avec les pronoms indéfinis *chacun*, *tout le monde*, *personne*, *quelqu'un*…

Accord avec *chacun*, *chacune*

▶ L'accord se fait au singulier et le pronom réfléchi est *soi*.

Chacun fut content.

Chacun pense ce qu'il veut.

Que chacun rentre chez soi. [et non chez lui]

▶ En rapport avec un nom, **chacun** s'accorde en genre.

Il a parlé à chacune de ses filles, à chacun de ses fils.

Si ce nom est au pluriel, le possessif ou le pronom personnel est au singulier ou au pluriel.

Ces professeurs, chacun dans sa spécialité
ou *chacun dans leur spécialité*

Ils sont rentrés chacun chez soi ou *chez eux.*

▶ Avec **chacun d'entre nous, vous, eux,** le verbe est à la 3e personne du singulier.

Chacun d'entre nous pense que…

Accord avec *autre chose*, *pas grand-chose*, *quelque chose*

▶ L'accord se fait au masculin singulier.

Il n'y pas grand-chose de bon.

Quelque chose est arrivé.

REM. On dit *autre chose, pas grand-chose, quelque chose à quoi* (*sur quoi*…) et non auquel, sur lequel…

Accord avec *tout le monde*, *personne*, *quelqu'un*

▶ L'accord se fait au masculin singulier.

Tout le monde est là. Tout le monde est content.
[et non *tout le monde* sont *là*]

Personne n'est parfait.

Quelqu'un est blessé ?

Il n'y a personne de blessé.

78 Accord avec *ou*, *ni … ni*, *soit … soit*

◯ Accord avec *ou*

▶ Si l'un ou l'autre sont possibles, l'accord se fait au pluriel.
Un homme ou une femme conviennent pour ce poste.
Nous cherchons un ouvrier ou une ouvrière qualifiés.

▶ Si c'est soit l'un soit l'autre, le verbe reste au singulier.
Pierre ou Jacques est le père de cet enfant.

▶ Si **ou** introduit un synonyme, une explication entre virgules, l'accord se fait logiquement avec le premier terme.
Le cobra, ou serpent à sonnettes, est…

◯ Accord avec *ni … ni*

▶ L'accord se fait au masculin pluriel si les deux termes sont de genre différent.
Ni son père ni sa mère ne sont venus.

▶ L'accord se fait au singulier ou au pluriel si les deux termes sont du même genre.
Ni sa tante ni sa mère n'est venue ou ne sont venues.

▶ Le verbe est au singulier, comme avec *ou*, quand les deux termes s'excluent.
Ni Pierre ni Jacques n'est le père de cet enfant.

◯ Accord avec *soit … soit*

▶ Avec les deux termes au singulier, le verbe est au singulier.
Soit mon père soit ma mère viendra.

▶ Avec un des termes au pluriel, le verbe est au pluriel.
Soit mes parents, soit ma tante viendront.

79 Accord avec *comme*, *ainsi que*, *de même que*...

▶ **S'il y a comparaison**, si l'accent est mis sur le premier terme, l'accord se fait avec ce premier terme. Il y a alors une pause à l'oral et des virgules à l'écrit.

Mon père, comme le vôtre, est un honnête homme.
Madame Durand, ainsi que toute son équipe, vous remercie.
Le ministre, aussi bien que le président, a accepté l'invitation.

▶ **S'il y a une valeur d'addition**, *comme*, *ainsi que*, *aussi bien que* peuvent être remplacés par *et* et l'accord se fait au pluriel. Il n'y a pas de pause à l'oral et pas de virgules à l'écrit.

Molière comme Corneille sont de grands écrivains.
Madame Durand ainsi que toute son équipe vous remercient.
Le ministre aussi bien que le président ont accepté l'invitation.

Les mots qui entraînent des difficultés d'accord (2)

80 Les noms de jours

▶ Les noms de jours prennent la marque du pluriel.
tous les jeudis
MAIS on écrit :
les jeudi et vendredi de la semaine prochaine
[il n'y a qu'un jeudi et qu'un vendredi dans la semaine]

▶ Les mots **matin**, **midi**, **après-midi**, **soir** sont invariables après un nom de jour.
On écrit donc :
tous les jeudis matin [= au matin]

81 L'infinitif employé comme nom

▶ L'infinitif employé comme nom est **variable**.
Trois allers pour Nice, s'il vous plaît.
Les levers et les couchers du soleil.

82 Les mots employés comme adjectifs

▶ *Turquoise, émeraude, citron, orange, marron...*
Employés comme adjectifs de couleur, ces noms sont invariables :
des yeux marron. → 36

▶ *Télé, météo, bio, audio, vidéo, extra, super...*
Les abréviations, les préfixes ou éléments de formation des mots employés comme adjectifs sont invariables : *des bulletins météo ; des produits bio ; des fruits extra ; des héros super.*

▶ Les noms comme *nature, maison, limite...* s'accordent ou non selon les cas. → 41

83 Les adjectifs dans les expressions

- **Égal** dans *d'égal à égal* peut rester invariable : *Il traite Marie d'égal à égal*.

  L'expression *sans égal* s'accorde, sauf au masculin pluriel : *des pierres précieuses sans égales* ; *des talents sans égal*.

- **Neuf** dans *flambant neuf* peut s'accorder ou rester invariable : *des voitures flambant neuf* ou *neuves*.

- **Pareil** dans *sans pareil* s'accorde en genre et parfois en nombre : *une joie sans pareille* ; *des romans sans pareils* ou *sans pareil* [= sans rien de pareil].

- **Seul** dans *seul à seul* s'accorde en genre : *Ils sont restés seul à seul. Elles sont restées seule à seule.*

- **Bon marché, meilleur marché** sont invariables : *des produits bon marché*.

84 Mot invariable ou nom variable ?

- **Arrière, avant** sont invariables comme prépositions, adverbes et adjectifs : *les roues avant, arrière d'un véhicule*.

  Ils sont variables comme noms : *ménager ses arrières* ; *la ligne d'avants au rugby*.

- **Environ** est invariable comme adverbe : *Cela vaut environ 100 €*. Le nom ne s'emploie qu'au pluriel : *les environs de Paris*.

Les formes en *-ant* : participe présent invariable ou adjectif verbal variable ?

On appelle « adjectif verbal » l'adjectif formé à partir du participe présent.

85 Règle générale

▶ Le **participe présent** est **invariable**.
Vivant au loin, elle n'était au courant de rien.

▶ L'**adjectif verbal** est **variable**. Il s'accorde en genre (masculin ou féminin) et en nombre (singulier ou pluriel) avec le nom auquel il se rapporte.
C'est une enfant très vivante.

86 Participe présent ou adjectif verbal ?

▶ Le gérondif, participe présent précédé de *en*, est invariable.
Elle est arrivée en courant, en dansant.

▶ La forme en **-ant** est un **participe présent invariable**
- s'il y a un sujet (exprimé ou non) ou un complément (on peut remplacer le participe par une forme conjuguée) :
Les chiens obéissant à leurs maîtres faisaient le guet.
[= les chiens qui obéissaient à leurs maîtres]
- si on peut l'encadrer avec la négation *ne… pas* :
Ne croyant pas pouvoir réussir, elle a abandonné.

▶ La forme en **-ant** est un **adjectif verbal variable**
- si on peut l'employer comme attribut (après le verbe *être*) :
Ces chiens sont obéissants.
- si on peut lui substituer un autre adjectif :
une jeune fille croyante [= pieuse]
- si on peut l'employer avec des adverbes comme *très* :
C'est une musique très dansante.

REM. Il arrive qu'adjectif verbal et participe présent n'aient pas la même orthographe tout en ayant la même prononciation. ➜ 199

Le verbe et sa conjugaison

Comment lire les fiches de conjugaison ?

Nous donnons plus loin les conjugaisons aux temps simples des verbes les plus usités, réguliers ou irréguliers. Pour les verbes autres que *avoir, être, aller, chanter, finir*, nous avons choisi de ne donner que les personnes-clés de la conjugaison : 1re et 3e personnes, sauf quand ils présentent une particularité (*vous faites, vous dites…*).

Pour chaque verbe modèle, nous avons présenté les modes et les temps de manière à mettre en évidence les ressemblances et les différences.

<u>L'infinitif et les participes</u>
sont donnés d'emblée.

10 Cueillir, cueillant, cueilli

<u>Mise en avant</u> de la particularité.

▶ Avec **-e, -es, -e** au singulier de l'indicatif.

INDICATIF	SUBJONCTIF	INDICATIF	IMPÉRATIF
présent	présent	imparfait	présent
je cueille	q. je cueille	je cueillais	cueille*
il cueille	q. il cueille	il cueillait	cueillons
ns cueillons	q. ns cueillions**	ns cueillions**	cueillez
ils cueillent	q. ils cueillent	ils cueillaient	

			CONDITIONNEL
passé simple	imparfait	futur	présent
je cueillis	q. je cueillisse	je cueillerai	je cueillerais
il cueillit	q. il cueillît	il cueillera	il cueillerait
ns cueillîmes	q. ns cueillissions	ns cueillerons	ns cueillerions
ils cueillirent	q. ils cueillissent	ils cueilleront	ils cueilleraient

<u>Pointage</u> des difficultés.

* Il n'y a pas de **s** à la 2e personne de l'impératif, sauf devant le pronom *en* : *cueille des fleurs, cueilles-en douze.*

** Il ne faut pas oublier le **i** à l'indicatif imparfait et au subjonctif présent : *cueillions, cueilliez.*

<u>Commentaire</u> des difficultés.

▶ Se conjuguent de la même manière les verbes **accueillir** et **recueillir**.

Conjugaisons et groupes de verbes

On appelle « conjugaison » l'ensemble des formes que peut prendre un verbe.

87 Radical et terminaisons

▶ Dans une forme verbale, on distingue le **radical** qui porte le sens du verbe et la **terminaison** qui varie selon la personne (1re, 2e ou 3e personne), le nombre (singulier ou pluriel), le mode (indicatif, subjonctif…) et le temps (présent, imparfait, futur…). Voici quelques exemples à l'infinitif.

verbe	radical	terminaisons
chanter	chant-	-er
finir	fin-	-ir
faire	fai-	-re
bouillir	bouill-	-ir
acquérir	acquér-	-ir

88 Verbe régulier ou irrégulier ?

▶ Dans un **verbe régulier**, le radical ne change pas ; seule la terminaison varie, selon deux modèles : celui du verbe *chanter* ou celui du verbe *finir*.
je chant- e   *je chant- erai*
je fin- is   *je fin- irai*

▶ Dans la conjugaison d'un **verbe irrégulier**, le radical et les terminaisons peuvent varier.
je fai- s   *je fe- rai*
je bou- s   *je bouill- irai*
j'acquier- s   *j'acquér- rai*

▶ Le verbe **aller** est un verbe irrégulier qui peut avoir quatre radicaux :
all- (aller, allons, allais, allant…)
v- (vais, va…)
i- (ira, irai…)
aill- (aille…)

89 Groupes de verbes

On classe traditionnellement les verbes en trois groupes.

▶ Le **1ᵉʳ groupe** comprend les verbes du type *chanter*. Ce sont les plus nombreux. C'est dans ce groupe de verbes réguliers que se rangent (quasiment tous) les nouveaux verbes dont la langue s'enrichit aujourd'hui.

▶ Le **2ᵉ groupe** comprend les verbes du type *finir*. De très nombreux verbes se conjuguent sur ce modèle.

▶ Le **3ᵉ groupe** comprend une série limitée de verbes irréguliers. On dit parfois que cette conjugaison est « morte » parce qu'elle n'accueille plus de nouveaux verbes.

90 Temps simples et temps composés

▶ Dans les tableaux de conjugaison nous présentons les verbes aux temps simples.

▶ Aux temps composés, c'est l'auxiliaire, *avoir* ou *être*, qui est conjugué. Le verbe, lui, est au participe passé.

modes/temps	verbe conjugué	auxiliaire
INFINITIF infinitif passé	avoir chanté	à l'infinitif présent
INDICATIF passé composé plus-que-parfait passé antérieur futur antérieur	j'ai chanté j'avais chanté j'eus chanté j'aurai chanté	au présent à l'imparfait au passé simple au futur
SUBJONCTIF passé plus-que-parfait	q. j'aie chanté q. j'eusse chanté	au présent à l'imparfait
CONDITIONNEL passé	j'aurais chanté	au présent
IMPÉRATIF passé	aie chanté	au présent

Les terminaisons pièges

Les erreurs les plus fréquentes portent sur des formes identiques à l'oral mais bien distinctes à l'écrit. Quelques « trucs » peuvent permettre de lever ces difficultés.

91 -*er* ou -*é* ? infinitif ou participe passé ?

▶ Après les auxiliaires *avoir* ou *être*, le verbe est toujours au **participe passé** :
Il a toujours aimé le théâtre. Il est allé au théâtre.

▶ Après les verbes *aller*, *pouvoir*, *devoir* et *falloir*, le verbe est toujours à l'**infinitif** :
Je vais, je peux, je dois, chanter. Il faut chanter.

▶ Après un verbe construit avec une préposition (*à*, *de*, *pour*…), le verbe est toujours à l'**infinitif** :
Je commence à, je me mets à, je finis de…. chanter.

▶ Après les verbes de mouvement, le verbe est toujours à l'**infinitif** :
Je pars, je cours, je vole… chercher du pain.

▶ Quand on hésite sur la terminaison prononcée -*é*- d'un verbe du 1er groupe il suffit de remplacer ce verbe du 1er groupe par un verbe du 3e groupe :
Il a toujours admiré cette peinture. Il est allé au musée.
On dirait : *Il a toujours voulu cette peinture. Il est venu au musée.*
ET NON : *Il a toujours vouloir cette peinture. Il est venir au musée.*

92 -*rai* ou -*rais* ? futur ou conditionnel présent ?

▶ Quand on hésite entre la terminaison en **-rais** du conditionnel et celle en **-rai** du futur, il suffit de mettre le verbe à la troisième personne.
Si c'était possible, j'aimerais que tu viennes.
On dirait : *Si c'était possible, il aimerait que tu viennes.* [conditionnel]
ET NON : *Si c'était possible, il aimera que tu viennes.*

93 -ai ou -ais ? passé simple ou imparfait ?

▶ Quand on hésite entre la terminaison en **-ais** de l'imparfait et celle en **-ai** du passé simple, il suffit de mettre le verbe à la troisième personne.
Soudain, je décidai de...
On dirait : *Soudain, il décida de...* [passé simple]

94 -e ou -es à l'impératif ?

▶ Il n'y a pas de *s* à la 2ᵉ personne du singulier de l'impératif des verbes du 1ᵉʳ groupe en *-er*, et des verbes du 3ᵉ groupe comme *cueillir, ouvrir, offrir, souffrir*.
Parle ! Téléphone-moi ! Cueille des fleurs.

▶ Toutefois, devant **en** et **y**, on ajoute un **s** qui permet la liaison.
Cueille des fleurs, cueilles-en beaucoup !

95 -e ou -t au subjonctif ?

▶ On écrit : *qu'il ait, qu'il soit*, mais *qu'il chante, qu'il finisse, qu'il aille...* avec un **e**.

▶ Seuls les verbes *avoir* et *être* ont un **t** à la 3ᵉ personne du singulier du subjonctif présent. Tous les autres verbes se terminent par **e**, y compris les formes qui se terminent par un son voyelle : *qu'il voie, qu'il rie, qu'il conclue, qu'il extraie...*

Le verbe *avoir*

Employé comme auxiliaire, *avoir* sert à former les temps composés de très nombreux verbes à l'actif :
– verbes intransitifs (sans COD) : *marcher, courir*…
– verbes transitifs (avec COD) : *faire, devoir*…
Pour l'accord du participe avec l'auxiliaire *avoir* → 59-62

96 Avoir, ayant, eu

INDICATIF	SUBJONCTIF	INDICATIF	IMPÉRATIF
présent	présent	imparfait	présent
j'ai	q. j'aie*	j' avais	
tu as	q. tu aies	tu avais	aie
il a	q. il ait**	il avait	
ns avons	q. ns ayons***	ns avions	ayons
vs avez	q. vs ayez	vs aviez	ayez
ils ont	q. ils aient	ils avaient	
			CONDITIONNEL
passé simple	imparfait	futur	présent
j' eus	q. j' eusse	j' aurai	j' aurais
tu eus	q. tu eusses	tu auras	tu aurais
il eut	q. il eût	il aura	il aurait
ns eûmes	q. ns eussions	ns aurons	ns aurions
vs eûtes	q. vs eussiez	vs aurez	vs auriez
ils eurent	q. ils eussent	ils auront	ils auraient

* Attention à ne pas oublier le **e** du subjonctif à la 1re personne du singulier.

** Tout comme pour le verbe *être*, la 3e personne du subjonctif présent se termine par un **t**.

*** Attention à ne pas ajouter de *i* inutile.

Le verbe *être*

Employé comme auxiliaire, *être* sert à former les temps composés :
– de certains verbes intransitifs (sans COD) : *devenir, rester, partir, venir…*
– des verbes pronominaux : *se promener, s'enfuir…*

97 Être, étant, été

INDICATIF	SUBJONCTIF	INDICATIF	IMPÉRATIF
présent	présent	imparfait	présent
je suis	q. je sois	j' étais	
tu es	q. tu sois	tu étais	sois
il est	q. il soit*	il était	
ns sommes	q. ns soyons**	ns étions	soyons
vs êtes	q. vs soyez	vs étiez	soyez
ils sont	q. ils soient	ils étaient	

			CONDITIONNEL
passé simple	imparfait	futur	présent
je fus	q. je fusse	je serai	je serais
tu fus	q. tu fusses	tu seras	tu serais
il fut	q. il fût	il sera	il serait
ns fûmes	q. ns fussions	ns serons	ns serions
vs fûtes	q. vs fussiez	vs serez	vs seriez
ils furent	q. ils fussent	ils seront	ils seraient

* Tout comme pour le verbe *avoir*, la 3ᵉ personne du subjonctif présent se termine par un **t**.
** Attention à ne pas ajouter de *i* inutile.

Les verbes réguliers en -*er* (1)   1er groupe

Ces verbes sont les plus nombreux et ce sont ceux dont la conjugaison est la plus facile. Ils ont tous un participe présent en **-ant** et un participe passé en **-é**.
Quelques verbes présentent cependant des difficultés orthographiques liées :
– à la présence d'une voyelle à la finale du radical : *cré-er, cri-er, jou-er* ;
– à la correspondance entre prononciation et graphie : *c/ç, g/ge, e/è*…

98 Chanter, chantant, chanté

INDICATIF	SUBJONCTIF	INDICATIF	IMPÉRATIF
présent	présent	imparfait	présent
je chant e	q. je chant e	je chant ais	
tu chant es	q. tu chant es	tu chant ais	chant e*
il chant e	q. il chant e	il chant ait	
ns chant ons	q. ns chant ions	ns chant ions	chant ons
vs chant ez	q. vs chant iez	vs chant iez	chant ez
ils chant ent	q. ils chant ent	ils chant aient	
			CONDITIONNEL
passé simple	imparfait	futur	présent
je chant ai	q. je chant asse	je chant erai	je chant erais
tu chant as	q. tu chant asses	tu chant eras	tu chant erais
il chant a	q. il chant ât	il chant era	il chant erait
ns chant âmes	q. ns chant assions	ns chant erons	ns chant erions
vs chant âtes	q. vs chant assiez	vs chant erez	vs chant eriez
ils chant èrent	q. ils chant assent	ils chant eront	ils chant eraient

* Attention, il n'y a pas de *s* à la 2e personne du singulier de l'impératif présent, SAUF devant *en* et *y* :
Chante une chanson, chantes-en deux.
Retourne là-bas, retournes-y.

99 Les verbes en -ger, -cer, -guer

▶ Les verbes en **-ger** prennent un **e** devant un *a* ou un *o*, afin de conserver la prononciation avec *-j-*.

changer	*changeant*
change	*changeons*

▶ Les verbes en **-cer** prennent un **ç** devant un *a* ou un *o*, afin de conserver la prononciation avec *-s-*.

placer	*plaçant*
place	*plaçons*

▶ Les verbes en **-guer** conservent le **u** devant un *a* ou un *o*, malgré la prononciation.

conjuguer	*conjuguant*
conjugue	*conjuguons*

100 Les verbes en -éer, -ier, -uer

On fera attention pour ces verbes à bien distinguer le radical et les terminaisons : le **é**, le **i** ou le **u** font partie du radical et non de la terminaison.

▶ Les verbes en **-éer** se retrouvent avec deux **e** à certaines formes et même trois au participe passé.

participe passé	*cré-é, cré-ée*
futur	*il cré-era*
conditionnel	*il cré-erait*

▶ Les verbes en **-ier** se retrouvent avec deux **i** à l'imparfait et au subjonctif présent. Il ne faut pas oublier le **e** muet au futur et au conditionnel.

indicatif imparfait	*nous copi-ions*
subjonctif présent	*que nous copi-ions*
futur	*il copi-era*
conditionnel présent	*il copi-erait*

▶ Pour les verbes en **-uer**, il ne faut pas oublier le **e** muet au futur et au conditionnel.

futur	*il jou-era, salu-era*
conditionnel présent	*il jou-erait, salu-erait*

101 Les verbes en *-gner*, *-iller*

▶ Il ne faut pas oublier le **i**, qui ne se prononce pas, à l'indicatif imparfait et au subjonctif présent, pour les verbes en **-gner** ou **-iller** comme *peigner, piller, batailler…*

indicatif imparfait	*nous peign-ions, pill-ions*
subjonctif présent	*que nous peign-ions, pill-ions*

Les verbes réguliers en *-er* (2) : *-e...er*, *-é...er*

1er groupe

Certains verbes, comme *acheter*, *geler* ou *semer*, prennent un accent grave sur le **e**, conformément à la prononciation en *-è-*, quand la terminaison comporte par un **e** muet.
D'autres verbes en **-eter** ou **-eler**, comme *jeter* ou *appeler*, doublent la consonne pour obtenir le même son *-è-*.
Voir « Rectifications orthographiques » → 218.

102 Acheter, achetant, acheté

▶ Avec **e** ou **è** conformément à la prononciation. Se conjuguent de la même manière des verbes comme **geler**, **semer**.

INDICATIF	SUBJONCTIF	INDICATIF	IMPÉRATIF
présent	présent	imparfait	présent
j' achète	q. j' achète	j' achetais	achète
il achète	q. il achète	il achetait	achetons
ns achetons	q. ns achetions	ns achetions	achetez
ils achètent	q. ils achètent	ils achetaient	

			CONDITIONNEL
passé simple	imparfait	futur	présent
j' achetai	q. j' achetasse	j' achèterai	j' achèterais
il acheta	q. il achetât	il achètera	il achèterait
ns achetâmes	q. ns achetassions	ns achèterons	ns achèterions
ils achetèrent	q. ils achetassent	ils achèteront	ils achèteraient

103 Jeter, jetant, jeté

▶ Avec **t** ou **tt** conformément aux deux prononciations du **e** (*-e-* ou *-è-*).

INDICATIF	SUBJONCTIF	INDICATIF	IMPÉRATIF
présent	présent	imparfait	présent
je jette	q. je jette	je jetais	jette
il jette	q. il jette	il jetait	jetons
ns jetons	q. ns jetions	ns jetions	jetez
ils jettent	q. ils jettent	ils jetaient	
			CONDITIONNEL
passé simple	imparfait	futur	présent
je jetai	q. je jetasse	je jetterai	je jetterais
il jeta	q. il jetât	il jettera	il jetterait
ns jetâmes	q. ns jetassions	ns jetterons	ns jetterions
ils jetèrent	q. ils jetassent	ils jetteront	ils jetteraient

▶ Le verbe **appeler** se conjugue de la même manière avec l ou ll : *nous appelons*, *ils appellent*.

104 Céder, cédant, cédé

▶ Avec **é** ou **è** conformément à la prononciation.

INDICATIF	SUBJONCTIF	INDICATIF	IMPÉRATIF
présent	présent	imparfait	présent
je cède	q. je cède	je cédais	cède
il cède	q. il cède	il cédait	cédons
ns cédons	q. ns cédions	ns cédions	cédez
ils cèdent	q. ils cèdent	ils cédaient	
			CONDITIONNEL
passé simple	imparfait	futur	présent
je cédai	q. je cédasse	je cèderai	je cèderais
il céda	q. il cédât	il cèdera	il cèderait
ns cédâmes	q. ns cédassions	ns cèderons	ns cèderions
ils cédèrent	q. ils cédassent	ils cèderont	ils cèderaient

▶ Au futur et au conditionnel deux formes sont aujourd'hui admises : **céderai** avec l'accent aigu, forme traditionnelle, et **cèderai** avec l'accent grave, conforme à la prononciation actuelle. « Rectifications orthographiques » ➡ 218.

Les verbes réguliers en *-er* (3) : *-ayer, -oyer, -uyer*

1er groupe

Devant le **e** muet de certaines terminaisons, les verbes en **-ayer** peuvent se conjuguer de deux façons : avec **y** ou avec **i**. Mais les verbes en **-oyer** ou **-uyer** changent toujours le **y** en **i**.

105 Payer, payant, payé

▶ Avec **y** ou **i** devant un **e** : *il payera ou il paiera*.

INDICATIF	SUBJONCTIF	INDICATIF	IMPÉRATIF
présent	présent	imparfait	présent
je paye	q. je paye	je payais	paye
ou paie	*ou* paie	il payait	*ou* paie
il paye	q. il paye	ns payions*	payons
ou paie	*ou* paie	ils payaient	payez
ns payons	q. ns payions*		
ils payent	q. ils payent		
ou paient	*ou* paient		

			CONDITIONNEL
passé simple	imparfait	futur	présent
je payai	q. je payasse	je payerai	je payerais
il paya	q. il payât	*ou* paierai	*ou* paierais
ns payâmes	q. ns payassions	il payera	il payerait
ils payèrent	q. ils payassent	*ou* paiera	*ou* paierait
		ns payerons	ns payerions
		ou paierons	*ou* paierions
		ils payeront	ils payeraient
		ou paieront	*ou* paieraient

* Il ne faut pas oublier le **i** à l'indicatif imparfait et au subjonctif présent.

106 Nettoyer, nettoyant, nettoyé

▶ Avec **i** devant un **e**. Se conjuguent de la même manière des verbes comme **essuyer**.

INDICATIF	SUBJONCTIF	INDICATIF	IMPÉRATIF
présent	présent	imparfait	présent
je nettoie	q. je nettoie	je nettoyais	nettoie*
il nettoie	q. il nettoie	il nettoyait	nettoyons
ns nettoyons	q. ns nettoyions*	ns nettoyions*	nettoyez
ils nettoient	q. ils nettoient	ils nettoyaient	
			CONDITIONNEL
passé simple	imparfait	futur	présent
je nettoyai	q. je nettoyasse	je nettoierai**	je nettoierais**
il nettoya	q. il nettoyât	il nettoiera	il nettoierait
ns nettoyâmes	q. ns nettoyassions	ns nettoierons	ns nettoierions
ils nettoyèrent	q. ils nettoyassent	ils nettoieront	ils nettoieraient

* Il ne faut pas oublier le **i** à l'indicatif imparfait et au subjonctif présent.

** Au futur et au conditionnel : *nous nettoierons*, *nettoierions* ; *essuierons*, *essuierions* ; *noierons*, *noierions*, sans *y*.

Le verbe *envoyer* 1ᵉʳ ou 3ᵉ groupe

Certains rangent parfois le verbe *envoyer* dans le 1ᵉʳ groupe et le verbe *aller* dans le 3ᵉ groupe. D'autres les rangent tous les deux dans le 3ᵉ groupe (car les radicaux varient).

107 Envoyer, envoyant, envoyé

▶ Ce verbe se conjugue comme *nettoyer* SAUF au futur et au conditionnel où il se conjugue comme *voir*.

INDICATIF	SUBJONCTIF	INDICATIF	IMPÉRATIF
présent	présent	imparfait	présent
j'envoie*	q. j'envoie	j'envoyais	envoie
il envoie	q. il envoie	il envoyait	envoyons
ns envoyons	q. ns envoyions**	ns envoyions**	envoyez
ils envoient	q. ils envoient	ils envoyaient	

			CONDITIONNEL
passé simple	imparfait	futur	présent
j'envoyai	q. j'envoyasse	j'enverrai	j'enverrais
il envoya	q. il envoyât	il enverra	il enverrait
ns envoyâmes	q. ns envoyassions	ns enverrons	ns enverrions
ils envoyèrent	q. ils envoyassent	ils enverront	ils enverraient

* Bien prononcer : *que j'envoie* sans ajouter de *y*.
** Il ne faut pas oublier le **i** à l'indicatif imparfait et au subjonctif présent : *voyions*, *voyiez*.

Le verbe *aller*

108 Aller, allant, allé

▶ Le verbe **aller** se conjugue avec l'auxiliaire *être* :
Je suis allée, elle est allée.

▶ Il s'emploie aussi comme un auxiliaire pour former le futur dit « proche » :
On va partir, on va marcher.
Le verbe qui suit est toujours à l'infinitif.

INDICATIF	SUBJONCTIF	INDICATIF	IMPÉRATIF
présent	présent	imparfait	présent
je vais	q. j'aille	j'allais	
tu vas	q. tu ailles	tu allais	va*
il va	q. il aille	il allait	
ns allons	q. ns allions	ns allions	allons
vs allez	q. vs alliez	vs alliez	allez
ils vont	q. ils aillent	ils allaient	
			CONDITIONNEL
passé simple	imparfait	futur	présent
j'allai	q. j'allasse	j'irai	j'irais
tu allas	q. tu allasses	tu iras	tu irais
il alla	q. il allât	il ira	il irait
ns allâmes	q. ns allassions	ns irons	ns irions
vs allâtes	q. vs allassiez	vs irez	vs iriez
ils allèrent	q. ils allassent	ils iront	ils iraient

* À l'impératif, *va* prends un **s** devant *y* : *vas-y*.

Les verbes réguliers en *-ir* 2ᵉ groupe

Ces verbes sont très nombreux. Ils se caractérisent par un radical qui ne change pas et des terminaisons régulières, que nous avons mises en évidence sur le tableau modèle suivant des verbes du 2ᵉ groupe.
Ils ont tous un participe présent en **-issant** et un participe passé en **-i**.

109 Finir, finissant, fini

INDICATIF	SUBJONCTIF	INDICATIF	IMPÉRATIF
présent	présent	imparfait	présent
je fin is	q. je fin isse	je fin issais	
tu fin is	q. tu fin isses	tu fin issais	fin is
il fin it	q. il fin isse	il fin issait	
ns fin issons	q. ns fin issions	ns fin issions	fin issons
vs fin issez	q. vs fin issiez	vs fin issiez	fin issez
ils fin issent	q. ils fin issent	ils fin issaient	
			CONDITIONNEL
passé simple	imparfait	futur	présent
je fin is	q. je fin isse	je fin irai	je fin irais
tu fin is	q. tu fin isses	tu fin iras	tu fin irais
il fin it	q. il fin ît	il fin ira	il fin irait
ns fin îmes	q. ns fin issions	ns fin irons	ns fin irions
vs fin îtes	q. vs fin issiez	vs fin irez	vs fin iriez
ils fin irent	q. ils fin issent	ils fin iront	ils fin iraient

110 Haïr, haïssant, haï

▶ Ce verbe se conjugue sur le modèle de **finir**, sauf aux trois premières personnes de l'indicatif présent où le tréma disparaît : *je hais, tu hais, il hait*.

Les verbes irréguliers en -*ir* (1) : avec -*s*, -*s*, -*t* au présent

3ᵉ groupe

Ces verbes font partie du 3ᵉ groupe. Les radicaux et les terminaisons varient. → 89
Ils ont un participe présent en **-ant** et un participe passé en **-u**, **-i**, **-t** ou **-s**.

111 Tenir, tenant, tenu

▶ Se conjuguent de la même manière **venir** et tous les verbes en **-enir**.

INDICATIF	SUBJONCTIF	INDICATIF	IMPÉRATIF
présent	présent	imparfait	présent
je tiens	q. je tienne	je tenais	tiens
il tient	q. il tienne	il tenait	tenons
ns tenons	q. ns tenions	ns tenions	tenez
ils tiennent	q. ils tiennent	ils tenaient	
			CONDITIONNEL
passé simple	imparfait	futur	présent
je tins	q. je tinsse	je tiendrai	je tiendrais
il tint	q. il tînt	il tiendra	il tiendrait
ns tînmes	q. ns tinssions	ns tiendrons	ns tiendrions
ils tinrent	q. ils tinssent	ils tiendront	ils tiendraient

112 Partir, partant, parti

▶ Avec **-s, -s, -t** au singulier de l'indicatif présent.

INDICATIF	SUBJONCTIF	INDICATIF	IMPÉRATIF
présent	présent	imparfait	présent
je pars	q. je parte	je partais	pars
il part	q. il parte	il partait	partons
ns partons	q. ns partions	ns partions	partez
ils partent	q. ils partent	ils partaient	

			CONDITIONNEL
passé simple	imparfait	futur	présent
je partis	q. je partisse	je partirai	je partirais
il partit	q. il partît	il partira	il partirait
ns partîmes	q. ns partissions	ns partirons	ns partirions
ils partirent	q. ils partissent	ils partiront	ils partiraient

▶ Se conjuguent de la même manière **mentir**, **sortir**, **dormir**, **servir**... Tous ces verbes perdent la consonne finale du radical (= le **t** de *partir*, *mentir*, *sortir* ; le **m** de *dormir* ou le **v** de *servir*) à la 1re personne du singulier de l'indicatif présent et de l'impératif.

113 Bouillir, bouillant, bouilli

INDICATIF	SUBJONCTIF	INDICATIF	IMPÉRATIF
présent	présent	imparfait	**présent**
je bous	q. je bouille	je bouillais	bous
il bout	q. il bouille	il bouillait	bouillons
ns bouillons	q. ns bouillions	ns bouillions	bouillez
ils bouillent	q. ils bouillent	ils bouillaient	

			CONDITIONNEL
passé simple	imparfait	futur	présent
je bouillis	q. je bouillisse	je bouillirai	je bouillirais
il bouillit	q. il bouillît	il bouillira*	il bouillirait
ns bouillîmes	q. ns bouillissions	ns bouillirons	ns bouillirions
ils bouillirent	q. ils bouillissent	ils bouilliront	ils bouilliraient

* Attention au futur : *quand l'eau bouillira* (et non ~~bouera~~).

114 Courir, courant, couru

INDICATIF	SUBJONCTIF	INDICATIF	IMPÉRATIF
présent	présent	imparfait	présent
je cours*	q. je coure*	je courais	cours
il court	q. il coure	il courait	courons
ns courons	q. ns courions	ns courions	courez
ils courent	q. ils courent	ils couraient	

			CONDITIONNEL
passé simple	imparfait	futur	présent
je courus	q. je courusse	je courrai**	je courrais
il courut	q. il courût	il courra	il courrait
ns courûmes	q. ns courussions	ns courrons	ns courrions
ils coururent	q. ils courussent	ils courront	ils courraient

* Bien noter : *je cours, il court* à l'indicatif présent ; *que je coure, qu'il coure* au subjonctif présent.
** Attention ! il n'y a deux **r** qu'au futur et au conditionnel présent.

115 Mourir, mourant, mort

INDICATIF	SUBJONCTIF	INDICATIF	IMPÉRATIF
présent	présent	imparfait	présent
je meurs*	q. je meure*	je mourais	meurs
il meurt	q. il meure	il mourait	mourons
ns mourons	q. ns mourions	ns mourions	mourez
ils meurent	q. ils meurent	ils mouraient	

			CONDITIONNEL
passé simple	imparfait	futur	présent
je mourus	q. je mourusse	je mourrai**	je mourrais
il mourut	q. il mourût	il mourra	il mourrait
ns mourûmes	q. ns mourussions	ns mourrons	ns mourrions
ils moururent	q. ils mourussent	ils mourront	ils mourraient

* Bien noter : *je meurs, il meurt* à l'indicatif présent ; *que je meure, qu'il meure* au subjonctif présent.
** Attention ! il n'y a deux **r** qu'au futur et au conditionnel présent.

116 Acquérir, acquérant, acquis

INDICATIF	SUBJONCTIF	INDICATIF	IMPÉRATIF
présent	présent	imparfait	présent
j'acquiers*	q. j'acquière*	j'acquérais	acquiers
il acquiert	q. il acquière	il acquérait	acquérons
ns acquérons	q. ns acquérions	ns acquérions	acquérez
ils acquièrent	q. ils acquièrent	ils acquéraient	
			CONDITIONNEL
passé simple	imparfait	futur	présent
j'acquis	q. j'acquisse	j'acquerrai**	j'acquerrais
il acquit	q. il acquît	il acquerra	il acquerrait
ns acquîmes	q. ns acquissions	ns acquerrons	ns acquerrions
ils acquirent	q. ils acquissent	ils acquerront	ils partiraient

* Bien noter : *j'acquiers* à l'indicatif présent et *que j'acquière* au subjonctif présent.
** Attention ! il n'y a deux **r** qu'au futur et au conditionnel présent.

▶ Ainsi se conjuguent **conquérir** et **requérir**.

117 Fuir, fuyant, fui

INDICATIF	SUBJONCTIF	INDICATIF	IMPÉRATIF
présent	présent	imparfait	présent
je fuis	q. je fuie	je fuyais	fuis
il fuit	q. il fuie	il fuyait	fuyons
ns fuyons	q. ns fuyions*	ns fuyions*	fuyez
ils fuient	q. ils fuient	ils fuyaient	
			CONDITIONNEL
passé simple	imparfait	futur	présent
je fuis	q. je fuisse	je fuirai	je fuirais
il fuit	q. il fuît	il fuira	il fuirait
ns fuîmes	q. ns fuissions	ns fuirons	ns fuirions
ils fuirent	q. ils fuissent	ils fuiront	ils fuiraient

* Bien noter à l'indicatif imparfait et au subjonctif présent : *nous fuyions*, *vous fuyiez*.

▶ Se conjugue de la même manière **s'enfuir**.

Les verbes irréguliers en *-ir* (2) : avec *-e*, *-es*, *-e* au présent

3ᵉ groupe

Ces verbes se conjuguent comme *chanter* à certains temps et comme *finir* à d'autres.

118 Ouvrir, ouvrant, ouvert

▶ Avec **-e, -es, -e** au singulier de l'indicatif présent.

INDICATIF	SUBJONCTIF	INDICATIF	IMPÉRATIF
présent	présent	imparfait	présent
j'ouvre	q. j'ouvre	j'ouvrais	ouvre*
il ouvre	q. il ouvre	il ouvrait	ouvrons
ns ouvrons	q. ns ouvrions	ns ouvrions	ouvrez
ils ouvrent	q. ils ouvrent	ils ouvraient	
			CONDITIONNEL
passé simple	imparfait	futur	présent
j'ouvris	q. j'ouvrisse	j'ouvrirai	j' ouvrirais
il ouvrit	q. il ouvrît	il ouvrira	il ouvrirait
ns ouvrîmes	q. ns ouvrissions	ns ouvrirons	ns ouvririons
ils ouvrirent	q. ils ouvrissent	ils ouvriront	ils ouvriraient

* Il n'y a pas de *s* à la 2ᵉ personne de l'impératif, sauf devant le pronom *en* : *Ouvre les huîtres, ouvres-en douze.*

▶ Se conjuguent de la même manière les verbes **offrir** et **souffrir**.

119 Cueillir, cueillant, cueilli

▶ Avec **-e, -es, -e** au singulier de l'indicatif présent.

INDICATIF	SUBJONCTIF	INDICATIF	IMPÉRATIF
présent	présent	imparfait	présent
je cueille	q. je cueille	je cueillais	cueille*
il cueille	q. il cueille	il cueillait	cueillons
ns cueillons	q. ns cueillions**	ns cueillions**	cueillez
ils cueillent	q. ils cueillent	ils cueillaient	
			CONDITIONNEL
passé simple	imparfait	futur	présent
je cueillis	q. je cueillisse	je cueillerai	je cueillerais
il cueillit	q. il cueillît	il cueillera	il cueillerait
ns cueillîmes	q. ns cueillissions	ns cueillerons	ns cueillerions
ils cueillirent	q. ils cueillissent	ils cueilleront	ils cueilleraient

* Il n'y a pas de *s* à la 2ᵉ personne de l'impératif, sauf devant le pronom *en* : *Cueille des fleurs. Cueilles-en douze.*
** Il ne faut pas oublier le **i** à l'indicatif imparfait et au subjonctif présent : *cueillions, cueilliez.*

▶ Se conjuguent de la même manière les verbes **accueillir** et **recueillir**.

Les verbes en *-oir* (1) : avec *-s, -s, -t* au présent

3ᵉ groupe

À l'exception du verbe *asseoir*, tous les verbes en **-oir** ont un participe passé en **-u**.

120 Voir, voyant, vu

▶ Avec **-s, -s, -t** à l'indicatif présent, mais **-e, -es, -e** au subjonctif présent.

INDICATIF	SUBJONCTIF	INDICATIF	IMPÉRATIF
présent	présent	imparfait	présent
je vois	q. je voie*	je voyais	vois
il voit	q. il voie	il voyait	voyons
ns voyons	q. ns voyions	ns voyions**	voyez
ils voient	q. ils voient	ils voyaient	

			CONDITIONNEL
passé simple	imparfait	futur	présent
je vis	q. je visse	je verrai	je verrais
il vit	q. il vît	il verra	il verrait
ns vîmes	q. ns vissions	ns verrons	ns verrions
ils virent	q. ils vissent	ils verront	ils verraient

* Bien prononcer : *que je voie* sans ajouter de *y*.
** Il ne faut pas oublier le **i** à l'indicatif imparfait et au subjonctif présent : *voyions, voyiez*.

▶ Se conjuguent de la même manière les verbes **revoir** et **entrevoir**.

▶ Le verbe **prévoir** fait *je prévoirai, tu prévoiras…* au futur et *je prévoirais, tu prévoirais…* au conditionnel présent.
Voir aussi *pourvoir*. → 124

121 Recevoir, recevant, reçu

▶ Avec un **ç** devant *o* et *u* : *il reçoit, il reçut*.

INDICATIF	SUBJONCTIF	INDICATIF	IMPÉRATIF
présent	présent	imparfait	présent
je reçois	q. je reçoive	je recevais	reçois
il reçoit	q. il reçoive	il recevait	recevons
ns recevons	q. ns recevions	ns recevions	recevez
ils reçoivent	q. ils reçoivent	ils recevaient	
			CONDITIONNEL
passé simple	imparfait	futur	présent
je reçus	q. je reçusse	je recevrai	je recevrais
il reçut	q. il reçût	il recevra	il recevrait
ns reçûmes	q. ns reçussions	ns recevrons	ns recevrions
ils reçurent	q. ils reçussent	ils recevront	ils recevraient

▶ Ainsi se conjuguent **apercevoir**, **concevoir**, **décevoir**, **percevoir**.

122 Devoir, devant, dû*

INDICATIF	SUBJONCTIF	INDICATIF	IMPÉRATIF
présent	présent	imparfait	
je dois	q. je doive	je devais	
il doit	q. il doive	il devait	*inusité*
ns devons	q. ns devions	ns devions	
ils doivent	q. ils doivent	ils devaient	
			CONDITIONNEL
passé simple	imparfait	futur	présent
je dus	q. je dusse	je devrai	je devrais
il dut	q. il dût	il devra	il devrait
ns dûmes	q. ns dussions	ns devrons	ns devrions
ils durent	q. ils dussent	ils devront	ils devraient

* Attention à l'accent circonflexe sur le **u** du participe passé.
Il n'existe qu'au masculin singulier : *dû*, mais *dus, due, dues*.

123 Savoir, sachant, su

INDICATIF	SUBJONCTIF	INDICATIF	IMPÉRATIF
présent	présent	imparfait	présent
je sais	q. je sache	je savais	sache
il sait	q. il sache	il savait	sachons
ns savons	q. ns sachions	ns savions	sachez
ils savent	q. ils sachent	ils savaient	
			CONDITIONNEL
passé simple	imparfait	futur	présent
je sus	q. je susse	je saurai	je saurais
il sut	q. il sût	il saura	il saurait
ns sûmes	q. ns sussions	ns saurons	ns saurions
ils surent	q. ils sussent	ils sauront	ils sauraient

124 Pourvoir, pourvoyant, pourvu

▶ Ce verbe se conjugue comme le verbe **voir**, sauf au futur (et donc au conditionnel) et au passé simple (et donc au subjonctif imparfait).

INDICATIF	SUBJONCTIF	INDICATIF	IMPÉRATIF
présent	présent	imparfait	présent
je pourvois	q. je pourvoie	je pourvoyais	pourvois
il pourvoit	q. il pourvoie	il pourvoyait	pourvoyons
ns pourvoyons	q. ns pourvoyions	ns pourvoyions	pourvoyez
ils pourvoient	q. ils pourvoient	ils pourvoyaient	
			CONDITIONNEL
passé simple	imparfait	futur	présent
je pourvus	q. je pourvusse	je pourvoirai	je pourvoirais
il pourvut	q. il pourvût	il pourvoira	il pourvoirait
ns pourvûmes	q. ns pourvussions	ns pourvoirons	ns pourvoirions
ils pourvurent	q. ils pourvussent	ils pourvoiront	ils pourvoiraient

125 Émouvoir, émouvant, ému

INDICATIF	SUBJONCTIF	INDICATIF	IMPÉRATIF
présent	présent	imparfait	présent
j' émeus	q. j' émeuve	j' émouvais	émeus
il émeut	q. il émeuve	il émouvait	émouvons
ns émouvons	q. ns émouvions	ns émouvions	émouvez
ils émeuvent	q. ils émeuvent	ils émouvaient	
			CONDITIONNEL
passé simple	imparfait	futur	présent
j' émus	q. je émusse	j' émouvrai	j' émouvrais
il émut	q. il émût	il émouvra	il émouvrait
ns émûmes	q. ns émussions	ns émouvrons	ns émouvrions
ils émurent	q. ils émussent	ils émouvront	ils émouvraient

▶ Se conjuguent de la même manière les verbes **promouvoir** et **mouvoir**.

Mouvoir fait au participe passé *mû*, *mue*, *mus*, *mues* avec un accent circonflexe au masculin singulier que les « Rectifications orthographiques » proposent de supprimer. → 218

▶ Ces verbes sont surtout employés aux temps composés, à l'infinitif et aux participes car l'alternance entre **-meuv-** et **-mouv-** les rend très difficiles à conjuguer. C'est pour cette raison que les nouveaux verbes *émotionner* et *promotionner*, réguliers, tendent à les remplacer dans la langue courante.

126 Asseoir, asseyant/assoyant, assis

▶ Bien noter le **e** de l'infinitif qui disparaît dans les autres formes : *Venez vous asseoir* (avec **e**).

MAIS : *Je m'assois* (sans *e*).

▶ Ce verbe a deux conjugaisons. Les formes *je m'assieds, asseyons-nous*... sont les plus usuelles aujourd'hui. Mais, au sens figuré, on emploie plutôt la forme en **oi** : *Il assoit sa réputation sur ce projet*.

INDICATIF	SUBJONCTIF	INDICATIF	IMPÉRATIF
présent	présent	imparfait	présent
j'assieds	q. j'asseye	j'asseyais	assieds*
ou assois	*ou* assoie	*ou* assoyais	*ou* assois*
il assied	q. il asseye	il asseyait	asseyons
ou assoit	*ou* assoie	*ou* assoyait	*ou* assoyons
ns asseyons	q. ns asseyions	ns asseyions	asseyez
ou assoyons	*ou* assoyions	*ou* assoyions	*ou* assoyez
ils asseyent	q. ils asseyent	ils asseyaient	
ou assoient	*ou* assoient	*ou* assoyaient	

passé simple	imparfait	futur	CONDITIONNEL
			présent
j'assis	q. j'assisse	j'assiérai	j'assiérais
		ou assoirai	*ou* assoirais
il assit	q. il assît	il assiéra	il assiérait
		ou assoira	*ou* assoirait
ns assîmes	q. ns assissions	ns assiérons	ns assiérions
		ou assoirons	*ou* assoirions
ils assirent	q. ils assissent	ils assiéront	ils assiéraient
		ou assoiront	*ou* assoiraient

* Attention ! On entend souvent à l'oral la forme fautive : ~~assis-toi~~. On doit dire : *assieds-toi* ou *assois-toi*.

Les verbes en *-oir* (2) : avec *-x, -x, -t* au présent

3ᵉ groupe

Les verbes *pouvoir*, *vouloir* et *valoir*, *équivaloir*, *prévaloir* sont les seuls verbes en **-x, -x, -t** à l'indicatif présent : *je veux, tu veux, il veut*.
Tous les participes passés de ces verbes sont en **-u**.

127 Pouvoir, pouvant, pu

INDICATIF	SUBJONCTIF	INDICATIF	IMPÉRATIF
présent	présent	imparfait	
je peux/puis*	q. je puisse	je pouvais	*inusité*
il peut	q. il puisse	il pouvait	
ns pouvons	q. ns puissions	ns pouvions	
ils peuvent	q. ils puissent	ils pouvaient	
			CONDITIONNEL
passé simple	imparfait	futur	présent
je pus	q. je pusse	je pourrai**	je pourrais
il put	q. il pût	il pourra	il pourrait
ns pûmes	q. ns pussions	ns pourrons	ns pourrions
ils purent	q. ils pussent	ils pourront	ils pourraient

* La forme *puis* ne s'emploie plus guère aujourd'hui sauf dans une question : *Puis-je entrer ?*
** Attention ! Il y a **-rr-** au futur et au conditionnel.

128 Vouloir, voulant, voulu

INDICATIF	SUBJONCTIF	INDICATIF	IMPÉRATIF
présent	présent	imparfait	présent
je veux	q. je veuille	je voulais	veux/veuille
il veut	q. il veuille	il voulait	voulons
ns voulons	q. ns voulions	ns voulions	voulez/veuillez*
ils veulent	q. ils veuillent	ils voulaient	
			CONDITIONNEL
passé simple	imparfait	futur	présent
je voulus	q. je voulusse	je voudrai	je voudrais
il voulut	q. il voulût	il voudra	il voudrait
ns voulûmes	q. ns voulussions	ns voudrons	ns voudrions
ils voulurent	q. ils voulussent	ils voudront	ils voudraient

* L'emploi de l'impératif est très rare, sauf la forme *veuillez* qui est très courante dans les formules de politesse ou les ordres « atténués » : *Veuillez agréer…. Veuillez fermer la porte s'il vous plaît*.

129 Valoir, valant, valu

INDICATIF	SUBJONCTIF	INDICATIF	IMPÉRATIF
présent	présent	imparfait	présent
je vaux	q. je vaille	je valais	vaux
il vaut	q. il vaille	il valait	valons
ns valons	q. ns valions	ns valions	valez
ils valent	q. ils vaillent	ils valaient	
			CONDITIONNEL
passé simple	imparfait	futur	présent
je valus	q. je valusse	je vaudrai	je vaudrais
il valut	q. il valût	il vaudra	il vaudrait
ns valûmes	q. ns valussions	ns vaudrons	ns vaudrions
ils valurent	q. ils valussent	ils vaudront	ils vaudraient

▶ Se conjuguent de la même manière les verbes **équivaloir** et **prévaloir**.

MAIS Le verbe *prévaloir* fait *que je prévale* au subjonctif présent.

Les verbes en *-oir* (3) : *falloir* et *pleuvoir*

3ᵉ groupe

130 Falloir, fallu

▶ Le verbe impersonnel **falloir** ne se conjugue qu'à la 3ᵉ personne du singulier avec le pronom neutre *il*.

INDICATIF	SUBJONCTIF	INDICATIF	IMPÉRATIF
présent	présent	imparfait	présent
il faut	q. il faille	il fallait	–
			CONDITIONNEL
passé simple	imparfait	futur	présent
il fallut	q. il fallût	il faudra	il faudrait

131 Pleuvoir, pleuvant, plu

▶ Le verbe **pleuvoir** est impersonnel au sens propre (sens météorologique). Mais, au sens figuré, on peut l'employer avec un autre sujet, uniquement à la 3ᵉ personne, au singulier ou au pluriel : *Les coups pleuvaient sur lui.*

INDICATIF	SUBJONCTIF	INDICATIF	IMPÉRATIF
présent	présent	imparfait	présent
il pleut	q. il pleuve	il pleuvait	–
ils pleuvent	q. ils pleuvent	ils pleuvaient	
			CONDITIONNEL
passé simple	imparfait	futur	présent
il plut	q. il plût	il pleuvra	il pleuvrait
ils plurent	q. ils plussent	ils pleuvront	ils pleuvraient

Les verbes en *-re* (1) : *-aire* et *-oire*

3ᵉ groupe

Avec **-ais, -ais, -ait** ou **-ois, -ois, -oit** au présent de l'indicatif. Ces verbes ont un participe passé soit en **-t**, soit en **-u**.

132 Faire, faisant, fait

INDICATIF	SUBJONCTIF	INDICATIF	IMPÉRATIF
présent	présent	imparfait	présent
je fais	q. je fasse	je faisais*	
tu fais	q. tu fasses	tu faisais	fais
il fait	q. il fasse	il faisait	
ns faisons*	q. ns fassions	ns faisions*	faisons*
vs faites**	q. vs fassiez	vs faisiez	faites**
ils font	q. ils fassent	ils faisaient	
			CONDITIONNEL
passé simple	imparfait	futur	présent
je fis	q. je fisse	je ferai	je ferais
tu fis	q. tu fisses	tu feras	tu ferais
il fit	q. il fît	il fera	il ferait
ns fîmes	q. ns fissions	ns ferons	ns ferions
vs fîtes	q. vs fissiez	vs ferez	vs feriez
ils firent	q. ils fissent	ils feront	ils feraient

* On prononce *-fe-*.
** À la 2ᵉ personne du pluriel de l'indicatif et de l'impératif présent, *faire* et tous ses composés (*défaire, refaire, contrefaire*...) font *vous faites* (*défaites, refaites, contrefaites*...).

133 Extraire, extrayant, extrait

INDICATIF	SUBJONCTIF	INDICATIF	IMPÉRATIF
présent	présent	imparfait	présent
j'extrais	q. j'extraie	j'extrayais	extrais
il extrait	q. il extraie	il extrayait	extrayons
ns extrayons	q. ns extrayions*	ns extrayions*	extrayez
ils extraient	q. ils extraient	ils extrayaient	
			CONDITIONNEL
passé simple	imparfait	futur	présent
		j'extrairai	j'extrairais
inusité	*inusité*	il extraira	il extrairait
		ns extrairons	ns extrairions
		ils extrairont	ils extrairaient

* Il ne faut pas oublier le **i** à l'indicatif imparfait et au subjonctif présent : *extrayions*, *extrayiez*.

▶ Se conjuguent de la même manière **distraire**, **soustraire**…

134 Taire, taisant, tu

INDICATIF	SUBJONCTIF	INDICATIF	IMPÉRATIF
présent	présent	imparfait	présent
je tais	q. je taise	je taisais	tais
il tait	q. il taise	il taisait	taisons
ns taisons	q. ns taisions	ns taisions	taisez
ils taisent	q. ils taisent	ils taisaient	
			CONDITIONNEL
passé simple	imparfait	futur	présent
je tus	q. je tusse	je tairai	je tairais
il tut	q. il tût	il taira	il tairait
ns tûmes	q. ns tussions	ns tairons	ns tairions
ils turent	q. ils tussent	ils tairont	ils tairaient

▶ Se conjuguent de la même manière **plaire**, **déplaire**, **complaire**. Les participes passés *plu*, *deplu* et *complu* sont invariables.

▶ On écrit *plaît*, *déplaît*, *complaît* avec un accent circonflexe. Les « Rectifications orthographiques » proposent la suppression de cet accent. ➔ 218

135 Croire, croyant, cru

▶ Avec **-s, -s, -t** à l'indicatif présent, mais **-e, -es, -e** au subjonctif présent.

INDICATIF	SUBJONCTIF	INDICATIF	IMPÉRATIF
présent	présent	imparfait	présent
je crois	q. je croie*	je croyais	crois
il croit	q. il croie	il croyait	croyons
ns croyons	q. ns croyions	ns croyions**	croyez
ils croient	q. ils croient	ils croyaient	
			CONDITIONNEL
passé simple	imparfait	futur	présent
je crus	q. je crusse	je croirai	je croirais
il crut	q. il crût	il croira	il croirait
ns crûmes	q. ns crussions	ns croirons	ns croirions
ils crurent	q. ils crussent	ils croiront	ils croiraient

* Bien prononcer : *que je croie* sans ajouter de *y*.
** Il ne faut pas oublier le **i** à l'indicatif imparfait et au subjonctif présent : *croyions*, *croyiez*.

136 Boire, buvant, bu

INDICATIF	SUBJONCTIF	INDICATIF	IMPÉRATIF
présent	présent	imparfait	présent
je bois	q. je boive	je buvais	bois
il boit	q. il boive	il buvait	buvons
ns buvons	q. ns buvions	ns buvions	buvez
ils boivent	q. ils boivent	ils buvaient	
			CONDITIONNEL
passé simple	imparfait	futur	présent
je bus	q. je busse	je boirai	je boirais
il but	q. il bût	il boira	il boirait
ns bûmes	q. ns bussions	ns boirons	ns boirions
ils burent	q. ils bussent	ils boiront	ils boiraient

Les verbes en *-re* (2) : *-ire*   3ᵉ groupe

De nombreux verbes se conjuguent sur le modèle de *conduire* ou *interdire* (*cuire, déduire, produire, construire, séduire, traduire*...). Ces verbes ont un participe passé en **-t**.
Les autres verbes en **-ire** ont leur participe passé en **-t** (*écrire*), en **-u** (*lire*) ou en **-i** (*rire*).

137 Conduire, conduisant, conduit

INDICATIF	SUBJONCTIF	INDICATIF	IMPÉRATIF
présent	présent	imparfait	présent
je conduis	q. je conduise	je conduisais	conduis
il conduit	q. il conduise	il conduisait	
ns conduisons	q. ns conduisions	ns conduisions	conduisons
vs conduisez	q. vs conduisiez	vs conduisiez	conduisez*
ils conduisent	q. ils conduisent	ils conduisaient	
			CONDITIONNEL
passé simple	imparfait	futur	présent
je conduisis	q. je conduisisse	je conduirai	je conduirais
il conduisit	q. il conduisît	il conduira	il conduirait
ns conduisîmes	q. ns conduisissions	ns conduirons	ns conduirions
ils conduisirent	q. ils conduisissent	ils conduiront	ils conduiraient

▶ Ainsi se conjuguent **interdire**, **contredire**, **dédire**, **médire** et **prédire**, SAUF au passé simple :
j'interdis, il interdit, ils interdirent
et donc au subjonctif imparfait :
que j'interdisse, qu'il interdît, qu'ils interdissent.

▶ Les verbes **dire** et **redire** ont une autre particularité. Ils font :
vous dites, vous redites à l'indicatif présent et donc à l'impératif :
dites, redites.

138 Lire, lisant, lu

INDICATIF	SUBJONCTIF	INDICATIF	IMPÉRATIF
présent	présent	imparfait	présent
je lis	q. je lise	je lisais	lis
il lit	q. il lise	il lisait	lisons
ns lisons	q. ns lisions	ns lisions	lisez
ils lisent	q. ils lisent	ils lisaient	
			CONDITIONNEL
passé simple	imparfait	futur	présent
je lus	q. je lusse	je lirai	je lirais
il lut	q. il lût	il lira	il lirait
ns lûmes	q. ns lussions	ns lirons	ns lirions
ils lurent*	q. ils lussent	ils liront	ils liraient

* Attention au passé simple : *ils lurent* (*élurent*) et non *ils lirent* (*élirent*).

▶ Ainsi se conjugue **élire**.

▶ Ces verbes se conjuguent comme *conduire*, SAUF au participe passé, au passé simple et donc au subjonctif imparfait.

139 Écrire, écrivant, écrit

INDICATIF	SUBJONCTIF	INDICATIF	IMPÉRATIF
présent	présent	imparfait	présent
j'écris	q. j'écrive	j'écrivais	écris
il écrit	q. il écrive	il écrivait	écrivons
ns écrivons	q. ns écrivions	ns écrivions	écrivez
ils écrivent	q. ils écrivent	ils écrivaient	
			CONDITIONNEL
passé simple	imparfait	futur	présent
j'écrivis	q. j'écrivisse	j'écrirai	j'écrirais
il écrivit	q. il écrivît	il écrira	il écrirait
ns écrivîmes	q. ns écrivissions	ns écrirons	ns écririons
ils écrivirent	q. ils écrivissent	ils écriront	ils écriraient

▶ **Décrire** et tous les composés en -**scrire** (*inscrire*, *transcrire*…) se conjuguent sur ce modèle.

140 Rire, riant, ri

INDICATIF	SUBJONCTIF	INDICATIF	IMPÉRATIF
présent	présent	imparfait	présent
je ris	q. je rie*	je riais	ris
il rit	q. il rie*	il riait	rions
ns rions	q. ns riions**	ns riions**	riez
ils rient	q. ils rient	ils riaient	
			CONDITIONNEL
passé simple	imparfait	futur	présent
je ris	q. je risse	je rirai	je rirais
il rit	q. il rît	il rira	il rirait
ns rîmes	q. ns rissions	ns rirons	ns ririons
ils rirent	q. ils rissent	ils riront	ils riraient

* Avec **e** au subjonctif présent : *Je voudrais qu'il rie*.
** Avec deux **i** : le **i** du radical et le **i** de la terminaison.

▶ Se conjugue de la même manière **sourire**.

Les verbes en -re (3) : -dre 3e groupe

Certains de ces verbes irréguliers gardent le **d** du radical, d'autres le perdent à certaines formes.
Les participes sont en **-u**, en **-s**, en **-t**.

141 Rendre, rendant, rendu

INDICATIF	SUBJONCTIF	INDICATIF	IMPÉRATIF
présent	présent	imparfait	présent
je rends	q. je rende	je rendais	rends
il rend	q. il rende	il rendait	rendons
ns rendons	q. ns rendions	ns rendions	rendez
ils rendent	q. ils rendent	ils rendaient	
			CONDITIONNEL
passé simple	imparfait	futur	présent
je rendis	q. je rendisse	je rendrai	je rendrais
il rendit	q. il rendît	il rendra	il rendrait
ns rendîmes	q. ns rendissions	ns rendrons	ns rendrions
ils rendirent	q. ils rendissent	ils rendront	ils rendraient

▶ Se conjuguent de la même manière les verbes **répandre**, **tondre**, **tordre**, **perdre**. Ils gardent tous le **d** du radical : *rend-*, *répand-*, *tond-*, *tord-*, *perd-*.

▶ Les verbes **rompre**, **corrompre** et **interrompre** se conjuguent sur ce modèle, en gardant le **p** du radical, comme *rendre* garde le **d** du radical, MAIS à la 3e personne du singulier du présent, ils prennent un **t** en plus : *je romps*, *il rompt*, *corrompt*, *interrompt*.

142 Prendre, prenant, pris

▶ Le verbe **prendre** se conjugue sur trois radicaux : *prend-*, *pren(n)-* et *pri*.

INDICATIF	SUBJONCTIF	INDICATIF	IMPÉRATIF
présent	présent	imparfait	présent
je prends	q. je prenne	je prenais	prends
il prend	q. il prenne	il prenait	prenons
ns prenons	q. ns prenions	ns prenions	prenez
ils prennent	q. ils prennent	ils prenaient	
			CONDITIONNEL
passé simple	imparfait	futur	présent
je pris	q. je prisse	je prendrai	je prendrais
il prit	q. il prît	il prendra	il prendrait
ns prîmes	q. ns prissions	ns prendrons	ns prendrions
ils prirent	q. ils prissent	ils prendront	ils prendraient

143 Peindre, peignant, peint

INDICATIF	SUBJONCTIF	INDICATIF	IMPÉRATIF
présent	présent	imparfait	présent
je peins	q. je peigne	je peignais	peins
il peint	q. il peigne	il peignait	peignons
ns peignons	q. ns peignions	ns peignions	peignez
ils peignent	q. ils peignent	ils peignaient	
			CONDITIONNEL
passé simple	imparfait	futur	présent
je peignis	q. je peignisse	je peindrai	je peindrais
il peignit	q. il peignît	il peindra	il peindrait
ns peignîmes	q. ns peignissions	ns peindrons	ns peindrions
ils peignirent	q. ils peignissent	ils peindront	ils peindraient

▶ Se conjuguent de la même manière **craindre**, **joindre**. Tous les verbes en **-indre** perdent le **d** du radical, sauf au futur et au conditionnel.

144 Résoudre, résolvant, résolu

INDICATIF	SUBJONCTIF	INDICATIF	IMPÉRATIF
présent	présent	imparfait	présent
je résous	q. je résolve	je résolvais	résous
il résout	q. il résolve	il résolvait	résolvons
ns résolvons	q. ns résolvions	ns résolvions	résolvez
ils résolvent	q. ils résolvent	ils résolvaient	

INDICATIF	SUBJONCTIF	INDICATIF	CONDITIONNEL
		futur	présent
passé simple	imparfait	je résoudrai	je résoudrais
je résolus	q. je résolusse	il résoudra	il résoudrait
il résolut	q. il résolût	ns résoudrons	ns résoudrions
ns résolûmes	q. ns résolussions	ils résoudront	ils résoudraient
ils résolurent	q. ils résolussent		

▶ Se conjuguent ainsi **absoudre** et **dissoudre**, SAUF au participe passé : *absous, absoute* ; *dissous, dissoute*. Ces deux verbes sont inusités au passé simple et donc à l'imparfait du subjonctif.

145 Coudre, cousant, cousu

INDICATIF	SUBJONCTIF	INDICATIF	IMPÉRATIF
présent	présent	imparfait	présent
je couds	q. je couse	je cousais	couds
il coud	q. il couse	il cousait	cousons
ns cousons	q. ns cousions	ns cousions	cousez
ils cousent	q. ils cousent	ils cousaient	

INDICATIF	SUBJONCTIF	INDICATIF	CONDITIONNEL
		futur	présent
passé simple	imparfait	je coudrai	je coudrais
je cousis	q. je cousisse	il coudra	il coudrait
il cousit	q. il cousît	ns coudrons	ns coudrions
ns cousîmes	q. ns cousissions	ils coudront	ils coudraient
ils cousirent	q. ils cousissent		

▶ Le verbe **moudre** qui fait au participe présent **moulant** et au participe passé **moulu(e)** se conjugue sur ce modèle mais avec le radical *moul-* : *je mouds, il moud, nous moulons*... SAUF au passé simple et donc à l'imparfait du subjonctif : *il moulut, qu'il moulût*.

Les verbes en *-re* (4) : *-aître* et *-oître*

3ᵉ groupe

Les verbes en **-aître** et en **-oître** prennent un **î** devant un **t**.
Ces verbes font partie des propositions de « Rectifications orthographiques ». → 218

146 Connaître, connaissant, connu

INDICATIF	SUBJONCTIF	INDICATIF	IMPÉRATIF
présent	présent	imparfait	présent
je connais	q. je connaisse	je connaissais	connais
il connaît	q. il connaisse	il connaissait	connaissons
ns connaissons	q. ns connaissions	ns connaissions	connaissez
ils connaissent	q. ils connaissent	ils connaissaient	
			CONDITIONNEL
passé simple	imparfait	futur	présent
je connus	q. je connusse	je connaîtrai	je connaîtrais
il connut	q. il connût	il connaîtra	il connaîtrait
ns connûmes	q. ns connussions	ns connaîtrons	ns connaîtrions
ils connurent	q. ils connussent	ils connaîtront	ils connaîtraient

▶ Se conjuguent ainsi **paraître** et tous les composés des deux verbes : *reconnaître, méconnaître, apparaître, comparaître, disparaître, transparaître*.

147 Naître, naissant, né

▶ Se conjugue comme *connaître*, SAUF au passé simple et donc à l'imparfait du subjonctif.

INDICATIF	SUBJONCTIF	INDICATIF	IMPÉRATIF
présent	présent	imparfait	présent
je nais	q. je naisse	je naissais	nais
il naît	q. il naisse	il naissait	naissons
ns naissons	q. ns naissions	ns naissions	naissez
ils naissent	q. ils naissent	ils naissaient	

			CONDITIONNEL
passé simple	imparfait	futur	présent
je naquis	q. je naquisse	je naîtrai	je naîtrais
il naquit	q. il naquît	il naîtra	il naîtrait
ns naquîmes	q. ns naquissions	ns naîtrons	ns naîtrions
ils naquirent	q. ils naquissent	ils naîtront	ils naîtraient

148 Accroître, accroissant, accru

INDICATIF	SUBJONCTIF	INDICATIF	IMPÉRATIF
présent	présent	imparfait	présent
j' accrois	q. j' accroisse	j' accroissais	accrois
il accroît	q. il accroisse	il accroissait	accroissons
ns accroissons	q. ns accroissions	ns accroissions	accroissez
ils accroissent	q. ils accroissent	ils accroissaient	

			CONDITIONNEL
passé simple	imparfait	futur	présent
j' accrus	q. j' accrusse	j' accroîtrai	j' accroîtrais
il accrut	q. il accrût	il accroîtra	il accroîtrait
ns accrûmes	q. ns accrussions	ns accroîtrons	ns accroîtrions
ils accrurent	q. ils accrussent	ils accroîtront	ils accroîtraient

▶ Se conjuguent ainsi **croître** et **décroître**.

▶ **Croître** prend en plus un accent circonflexe sur toutes les formes que l'on peut confondre avec celles du verbe *croire*, notamment au passé simple et au subjonctif imparfait : *il crût, ils crûrent* ; *qu'il crût, qu'ils crûssent*, et au participe passé : *crû*.

Les verbes en *-re* (5) : *mettre* et *battre*

3ᵉ groupe

Ces verbes et tous les verbes en **-mettre** ou en **-battre** font **-ts**, **-ts**, **-t** à l'indicatif présent.
Attention à ne pas ajouter de *e* muet au conditionnel présent !
On dit et on écrit : *nous mettrions* et non *metterions*.

149 Mettre, mettant, mis

INDICATIF	SUBJONCTIF	INDICATIF	IMPÉRATIF
présent	présent	imparfait	présent
je mets	q. je mette	je mettais	mets
il met	q. il mette	il mettait	mettons
ns mettons	q. ns mettions	ns mettions	mettez
ils mettent	q. ils mettent	ils mettaient	
			CONDITIONNEL
passé simple	**imparfait**	futur	présent
je mis	q. je misse	je mettrai	je mettrais
il mit	q. il mît	il mettra	il mettrait
ns mîmes	q. ns missions	ns mettrons	ns mettrions
ils mirent	q. ils missent	ils mettront	ils mettraient

150 Battre, battant, battu

INDICATIF	SUBJONCTIF	INDICATIF	IMPÉRATIF
présent	présent	imparfait	présent
je bats	q. je batte	je battais	bats
il bat	q. il batte	il battait	battons
ns battons	q. ns battions	ns battions	battez
ils battent	q. ils battent	ils battaient	
			CONDITIONNEL
passé simple	imparfait	futur	présent
je battis	q. je battisse	je battrai	je battrais
il battit	q. il battît	il battra	il battrait
ns battîmes	q. ns battissions	ns battrons	ns battrions
ils battirent	q. ils battissent	ils battront	ils battraient

Les autres verbes en *-re* (6)   3ᵉ groupe

Il s'agit de verbes uniques ou presque dans leur conjugaison.

151 Suivre, suivant, suivi

INDICATIF	SUBJONCTIF	INDICATIF	IMPÉRATIF
présent	présent	imparfait	**présent**
je suis	q. je suive	je suivais	suis
il suit	q. il suive	il suivait	suivons
ns suivons	q. ns suivions	ns suivions	suivez
ils suivent	q. ils suivent	ils suivaient	

			CONDITIONNEL
passé simple	imparfait	futur	présent
je suivis	q. je suivisse	je suivrai	je suivrais
il suivit	q. il suivît	il suivra	il suivrait
ns suivîmes	q. ns suivissions	ns suivrons	ns suivrions
ils suivirent	q. ils suivissent	ils suivront	ils suivraient

▶ Ainsi se conjugue **poursuivre**.

152 Vivre, vivant, vécu

INDICATIF	SUBJONCTIF	INDICATIF	IMPÉRATIF
présent	présent	imparfait	présent
je vis	q. je vive	je vivais	vis
il vit	q. il vive	il vivait	vivons
ns vivons	q. ns vivions	ns vivions	vivez
ils vivent	q. ils vivent	ils vivaient	

			CONDITIONNEL
passé simple	imparfait	futur	présent
je vécus	q. je vécusse	je vivrai	je vivrais
il vécut	q. il vécût	il vivra	il vivrait
ns vécûmes	q. ns vécussions	ns vivrons	ns vivrions
ils vécurent	q. ils vécussent	ils vivront	ils vivraient

▶ Ainsi se conjuguent **revivre** et **survivre**. Ces trois verbes se conjuguent comme *suivre*, SAUF au participe passé, au passé simple et donc au subjonctif imparfait.

153 Conclure, concluant, conclu

INDICATIF	SUBJONCTIF	INDICATIF	IMPÉRATIF
présent	présent	imparfait	présent
je conclus	q. je conclue	je concluais	conclus
il conclut	q. il conclue	il concluait	concluons
ns concluons	q. ns concluions	ns concluions	concluez
ils concluent	q. ils concluent	ils concluaient	
			CONDITIONNEL
passé simple	imparfait	futur	présent
je conclus	q. je conclusse	je conclurai	je conclurais
il conclut	q. il conclût	il conclura	il conclurait
ns conclûmes	q. ns conclussions	ns conclurons	ns conclurions
ils conclurent	q. ils conclussent	ils concluront	ils concluraient

▶ Ainsi se conjuguent **exclure** et **inclure**. Mais le verbe **inclure** fait au participe passé : *inclus*, *incluse*.

▶ Attention à ne pas ajouter de *e* au futur et au conditionnel. On écrit : *il conclura* et non ~~concluera~~.

154 Vaincre, vainquant, vaincu

INDICATIF	SUBJONCTIF	INDICATIF	IMPÉRATIF
présent	présent	imparfait	présent
je vaincs	q. je vainque	je vainquais	vaincs
il vainc	q. il vainque	il vainquait	vainquons
ns vainquons	q. ns vainquions	ns vainquions	vainquez
ils vainquent	q. ils vainquent	ils vainquaient	
			CONDITIONNEL
passé simple	imparfait	futur	présent
je vainquis	q. je vainquisse	je vaincrai	je vaincrais
il vainquit	q. il vainquît	il vaincra	il vaincrait
ns vainquîmes	q. ns vainquissions	ns vaincrons	ns vaincrions
ils vainquirent	q. ils vainquissent	ils vaincront	ils vaincraient

▶ Ainsi se conjugue **convaincre**.

L'orthographe d'usage

Les sons et les lettres

Il y a plusieurs façons d'écrire un son avec une lettre ou un groupe de lettres. Les sons sont présentés ici en alphabet phonétique, entre crochets.

155 Les sons voyelles

Les voyelles orales

	sons	graphies	exemples
A	[a]	a, â *ou* e	*patte, gâteau, femme, évidemment*
	[ɑ]	â	*pâte, bâton*
E	[ə]	e	*fenêtre*
	[ø]	eu	*feu, bleu*
	[œ]	eu, œu	*peur, cœur*
É	[e]	e, é, ed, er, ez	*messieurs, étang, pied, chanter, chantez, nez*
È	[ɛ]	e, è, ê, et, ai, ei	*bec, près, être, buffet, saigner, beignet*
I	[i]	i, î, y	*il, île, cygne*
O	[o]	o, ô, au, eau	*rose, côte, haut, beau*
	[ɔ]	o, oa, u (+m)	*or, goal, album*
U	[y]	u, û	*mur, mûre*
OU	[u]	ou, oû	*route, voûte*

Les voyelles nasales

	sons	graphies	exemples
AN	[ɑ̃]	an, am en, em	*an, jambe* *entendre, emmener, tempe*
IN	[ɛ̃]	in, im en, ein ain, aim	*tinter, timbrer* *examen, plein* *main, faim*
UN	[œ̃]	un, um	*brun, parfum*
ON	[ɔ̃]	on, om	*ton, tombe, trompe*

156 Les consonnes

	sons	graphies	exemples
B	[b]	b	*b*lond
D	[d]	d	*d*oux
F	[f]	f, ph	*f*rère, *ph*are
G	[g]	g, gu	*g*are, *gu*erre
GN	[ɲ]	gn	a*gn*eau
J	[ʒ]	j, g, ge	*j*e, *g*erme, *ge*ôle
K	[k]	k, c, ch q, qu	*k*ilo, *c*ou, or*ch*estre *c*in*q*, *qu*atre
CH	[ʃ]	ch, sh, sch	*ch*at, *sh*ampoing, *sch*éma
L	[l]	l	*l*ampe
M	[m]	m	*m*ère
N	[n]	n	*n*uit
P	[p]	p	*p*ère
R	[ʀ]	r, rh	*r*are, *rh*ume
S	[s]	s, ss c, ç, sc t [+ i] sth	*s*anté, ta*ss*e *c*eci, ma*ç*on, *sc*ience démocra*t*ie, na*t*ion a*sth*me
T	[t]	t, th	*t*erre, *th*éâtre
V	[v]	v, w	*v*ille, *w*agon
Z	[z]	z, s	*z*ébu, ro*s*e

157 Les semi-consonnes ou semi-voyelles

- Les **voyelles** peuvent se prononcer seules et d'un trait de voix.
- Les **semi-consonnes** (ou **semi-voyelles**) sont des sons intermédiaires qui, comme les consonnes, ne peuvent se prononcer qu'associées à une voyelle.

	sons	graphies	exemples
Y	[j]	il, ill	*rail, paille*
		y, i	*yeux, lieu*
W	[w]	w, ou	*watt, ouate, ouest, ouistiti*
U	[ɥ]	u	*aiguille, huile*

Lettres et groupes de lettres particuliers

À une lettre peuvent correspondre plusieurs sons, selon la lettre à laquelle elle est associée.

158 Une lettre, plusieurs sons

▶ La lettre **c** se prononce :
  – [k] devant *a, o, u* : *carré, coton, cure*
  – [s] devant *e, i, y* : *cela, citer, cygne*
  – [g] dans : *second, secondaire*

▶ Le groupe **ch** se prononce :
  – [ʃ] : *chant, cheval, chirurgien, chose, chute*
  – [k] : *archaïque, archéologie, chiromancie, chorale*

▶ La lettre **g** se prononce :
  – [g] devant *a, o, u* : *gare, goût, lagune*
  – [j] devant *e, i, y* : *génie, gilet, gyrophare*

▶ La lettre **s** se prononce :
  – [z] presque toujours entre deux voyelles : *rose, grise*
  – [s] au début du mot : *sale*
     devant une consonne : *caste*
     doublée : *tasse*

▶ La lettre **t** se prononce :
  – [t] : *tante, jeton, amnistie*
  – [s] : *mention, démocratie, nuptial*

▶ Le suffixe **tie** se prononce :
  – [ti] après un *s* : *modestie, amnistie*
  – [si] après une voyelle ou une autre consonne : *acrobatie, idiotie, ineptie*

▶ la lettre **x** se prononce :
  – [ks] : *lynx, extérieur*
  – [gz] : *examen, exiger*
  – [s] en finale dans : *six, dix, coccyx*

Les lettres muettes

Une lettre muette est une lettre qui ne se prononce pas. Ainsi le **h** dans : *une histoire, un théâtre* ; ou le **s** du pluriel : *une carte* ➔ *deux cartes*.

Une lettre muette peut modifier la prononciation de la lettre qui précède : ainsi le **e** se prononce *-é-* quand il est suivi des lettres muettes *r*, *d*, *t*, *z* : *chanter, pied, inquiet, nez*.

159 Le *e* muet

◯ **Dans la conjugaison de certains verbes**

▶ Au futur et au conditionnel, le **e** des verbes en *-éer*, *-ier*, *-uer*, ou des verbes en *-yer*, est muet.

il créera, il créerait
je copierai, je copierais
nous jouerons, nous jouerions
il se noiera, il se noierait
j'essuierai, j'essuierais

▶ Il ne faut pas ajouter de **e** au futur et au conditionnel des verbes comme *conclure* ou *mettre*.

On écrit : *il conclura* et non ~~concluera~~.
On dit et on écrit : *vous mettriez* et non ~~mettreiez~~.

◯ **Dans les mots dérivés de ces verbes**

▶ On écrit avec un **e** muet les noms en *-ment* dérivés de ces verbes.

remanier ➔ *remaniement*
dénouer ➔ *dénouement*
aboyer ➔ *aboiement*

160 Le *m* et le *p* au milieu d'un mot

▶ Le **m** dans le groupe **mn** ne se prononce pas dans les mots suivants et dans leurs dérivés :

*auto*m*ne, da*m*ner, conda*m*ner*

Il se prononce dans les autres cas : *amnistie, indemniser…*

▶ Le **p** dans le groupe **pt** ne se prononce pas dans les mots suivants :

*ba*p*tiser, com*p*ter, scul*p*ter, se*p*t*

Il se prononce dans les autres cas : *adopter, capter…*

161 Les consonnes à la fin d'un mot

▶ La plupart des consonnes peuvent être muettes à la fin d'un mot.

b : *plomb*	**c** : *blanc*	**d** : *pied*
f : *clef*	**g** : *rang*	**l** : *fusil*
p : *galop*	**r** : *léger*	**s** : *fracas*
t : *haut*	**x** : *affreux*	**z** : *nez*

▶ Dans de nombreux cas, on peut, grâce à un féminin ou à un mot de la même famille, retrouver cette consonne muette.

rang/rangée ; galop/galoper ; pied/pédestre ; fracas/fracasser ; haut/haute ; affreux/affreuse ; léger/légère ; fusil/fusiller

Les groupes de lettres pièges : -endre ou -andre ? -euil ou -ueil ?...

On a souvent une hésitation lorsqu'il s'agit d'écrire certains groupes de lettres qui se prononcent de la même façon. Pour certains (*en* ou *an*, par exemple), seul le recours au dictionnaire permet d'apporter une réponse.
Toutefois, la connaissance de quelques régularités permettra de lever les difficultés les plus fréquentes.

162 -endre ou -andre ?

▶ Tous les verbes qui se terminent par ce même son s'écrivent avec **-endre** : *vendre, tendre, défendre...*

SAUF *répandre* et *épandre*.

163 -euil ou -ueil ?

▶ On écrit **-euil** : *écureuil, treuil, feuille* (féminin en **-euille**)
SAUF après un *c* ou un *g*, où on écrit **-ueil** : *accueil, accueillir, orgueil, orgueilleux...*

164 -iller ou -illier ?

▶ On écrit avec **-illier** les mots *groseillier, joaillier, quincaillier, vanillier* (« Rectifications orthographiques » ➔ 220).

▶ Tous les autres mots s'écrivent avec **-iller** : *conseiller, barbouiller, poulailler...*

165 -oin- ou -ouin ?

▶ Tous les mots comportant ce même son s'écrivent avec **-oin**,
SAUF quelques mots comme :
babouin, bédouin, marsouin, pingouin.

Les fins de mots difficiles :
-oir ou -oire ? -té ou -tée ? -é ou -ée ?

Des noms masculins en **-ée**, des noms féminins en **-é**, en **-u**, c'est souvent sur la terminaison des mots que les erreurs sont les plus fréquentes.

166 Noms en -oir ou en -oire ?

▶ Tous les noms **féminins** terminés par le son *-oir-* s'écrivent avec **-oire** :

balançoire, baignoire, échappatoire...

▶ Presque tous les noms **masculins** terminés par le son *-oir-* s'écrivent avec **-oir** :

bavoir, trottoir, devoir...

SAUF quelques mots en **-oire** comme : *auditoire, conservatoire, interrogatoire, observatoire, réfectoire...*

167 Noms féminins en -té ou en -tée ?

▶ Les noms féminins s'écrivent avec **-té**, sans *e* à la fin :

qualité, variété, principauté, quantité...

SAUF quelques mots comme : *butée, dictée, jetée, montée, pâtée, portée*, ou des mots qui indiquent un contenu : *une assiettée, une platée, une brouettée*.

168 Noms masculins en -ée

▶ Quelques noms masculins se terminent par **-ée**, dont :
apogée, caducée, camée, lycée, mausolée, musée, pygmée, scarabée, trophée.

169 Noms féminins en -*u*

▶ Tous les noms féminins terminés par le son -*u*- s'écrivent avec **-ue** :
rue, vue, crue, décrue, étendue…
SAUF quatre mots : *bru, glu, tribu* et *vertu*.

170 Adjectifs en -*il* ou en -*ile* ?

▶ Tous les adjectifs masculins qui se terminent par le son -*il*- s'écrivent avec **-ile** :
habile, infantile, servile, stérile…
SAUF six mots : *civil, puéril, subtil, vil, viril* et *volatil*.

171 Mots en -*ein* et en -*aim*

▶ Seuls six mots s'écrivent avec **-ein** :
frein, dessein [= but], *rein, sein* et *plein*.

▶ Seuls trois mots s'écrivent avec **-aim** :
faim, daim et *essaim*.

172 Mots en -*aon*

▶ Seuls trois mots qui se prononcent avec le son -*an*- se terminent par **-aon** :
faon, paon et *taon*.

Consonne simple ou consonne double ?

Le plus souvent, il est difficile de savoir si une lettre est simple ou double : il faut mémoriser le mot et son image. Dans quelques cas cependant, on peut facilement retenir certaines régularités et exceptions.

173 Avec *n* ou *nn* ?

▶ Les **mots qui se prononcent avec le son** *-ane-* s'écrivent avec un seul **n**.

ca*n*e (l'animal), bana*n*e, doua*n*e, diapha*n*e, partisa*n*e…

SAUF *paysanne*, *canne* (l'objet), *manne*, *panne*, *vanne*.

▶ Les **dérivés des mots en** *-on* ont un seul **n** ou **nn** selon les cas.

• Les verbes en **-er** s'écrivent avec **nn**.

patron → patro*nn*er
fonction → fonctio*nn*er…

SAUF le verbe *s'époumoner*, formé sur *poumon*.

• Les mots en **-al** (et leurs dérivés) s'écrivent avec un seul **n**.

natio*n*al, patro*n*al, régio*n*al, régio*n*alisme…

SAUF *confessionnal*.

• Les mots en **-el** s'écrivent tous avec **nn**.

professio*nn*el, fonctio*nn*el, relatio*nn*el…

• Les mots en **-iste** s'écrivent avec **nn**.

projectio*nn*iste, réceptio*nn*iste…

SAUF quelques mots comme : *accordéoniste* et *violoniste*.

174 Avec *l* ou *ll* ?

▶ Avec **-ole** ou **-olle** ?

Les noms féminins terminés par le son *-ol-* s'écrivent avec un seul **l**.

castero*l*e, auréo*l*e, rougeo*l*e, coupo*l*e, éco*l*e…

SAUF les mots : *barcarolle*, *colle*, *corolle* et *girolle*.

▶ Avec **-ule** ou **-ulle** ?
Les mots terminés par le son *-ul-* s'écrivent avec un seul **l**.
tentacule, crédule, ridicule, édicule…
SAUF : *bulle, tulle* et l'adjectif féminin *nulle*.

175 Au début des mots

▶ Les mots qui commencent par **af-** prennent tous **ff**.
affaire, affiche, affront, affût….
SAUF *afin, afghan, africain* et quelques mots étrangers.

▶ Les mots qui commencent par **ef-** ou **of-** prennent tous **ff**.
effet, effriter, offense, offrir, offusquer…

176 Avec *t* ou *tt* ?

▶ Avec **-ote** ou **-otte** ?
• Les noms et adjectifs masculins en **-ot** font leur féminin en **-ote** : *idiote, bigote, dévote, petiote*
ou en **-otte** : *maigriotte, pâlotte, boulotte, vieillotte*.
• Les noms féminins s'écrivent avec **-ote** : *belote, camelote, capote, compote, échalote, jugeote, pelote…*
SAUF : *biscotte, bouillotte, cagnotte, calotte, carotte, cocotte, culotte, mascotte, roulotte*.

▶ Avec **-oter** ou **-otter** ?
Les verbes s'écrivent avec un seul **t** : *comploter, chipoter, dorloter, gigoter, siffloter,* sangloter…
SAUF : *ballotter, boulotter, frotter, frisotter, grelotter, trotter*.

Erreurs de prononciation, erreurs d'orthographe

177 Les confusions courantes à éviter

On dit	On ne dit pas
aéroport	~~aréoport~~ [aér-, comme dans *aérien*]
caparaçonné	~~carapaçonné~~ [*caparaçon* et non *carapace*]
dégingandé	~~déguingandé~~ [on prononce avec *j*-]
dilemme	~~dilemne~~ [rien à voir avec *indemne*]
etc.	~~ect.~~ [*et cetera* et non *ekcetéra*]
filigrane	~~filigramme~~ [vient d'un mot italien]
fruste	~~frustre~~ [ne pas confondre avec *rustre*]
infarctus	~~infractus~~
maligne	~~maline~~ [féminin de *malin* comme *bénin*, *bénigne*]
mnémotechnique	~~mémotechnique~~ [*mnémo*, comme dans *amnésie*]
obnubilé	~~omnibulé, omnubilé~~ [rien à voir avec *omni*, « tous »]
opprobre	~~opprobe~~
pécuniaire	~~pécunier~~
rémunérer	~~rénumérer~~ [avec *m* puis *n*, comme dans *monnaie*]

178 Les liaisons dangereuses

◯ Avec les nombres

▶ Les adjectifs numéraux cardinaux sont invariables, à l'exception de *quatre-vingts* et *cent* (quand ils ne sont suivis d'aucun autre nombre → 48). Il n'y a donc aucune raison de rajouter des [z] de liaison avec *quatre*, *mille et une*, *cent*…
On doit donc dire :
cent [t] *euros* comme on dit *cent* [t] *ans*
vingt [t] *euros* comme on dit *vingt* [t] *ans*

◯ Avec les participes passés

▶ Généralement, après un participe passé, la liaison ne se fait pas :
Je les ai vus | entrer.
Il n'y a donc aucune raison de faire entendre un [t] dans :
Marie, je l'ai fait [t] *entrer.*

◯ Avec *on*

▶ Dans une phrase négative, il ne faut pas oublier le **n'** qu'on n'entend pas à cause de la liaison :
On n'entend pas.

L'accent aigu et l'accent grave

L'accent est un signe qui se place sur une voyelle et qui peut en modifier la prononciation. Dans certains cas, l'accent permet de distinguer des homonymes.

179 L'accent aigu (´)

▶ L'accent aigu se place sur la voyelle **e** qui se prononce alors [e] fermé comme dans :
une église, un éléphant, le passé

▶ Il n'y a jamais d'accent aigu devant les lettres finales **d**, **f**, **z**, ou devant le **r** de l'infinitif :
un pied, une clef, un nez, le rez-de-chaussée, chanter, vous chantez

▶ Il y a toujours un accent aigu sur le **e** du participe passé des verbes en **-er** :
j'ai chanté, je suis allé, j'ai aimé

180 L'accent grave (`)

▶ L'accent grave se place :
– sur le **e**, qui se prononce alors [ɛ] ouvert à la fin d'une syllabe ou devant un **s** final : *une mère, un procès* ;
– sur le **a** dans des mots invariables comme : *deçà, delà, déjà, voilà, holà…*

▶ Sur le **a** ou sur le **u**, l'accent grave permet de distinguer des homonymes :
çà [adverbe de lieu] et *ça* [pronom]
à [préposition] et *a* [du verbe avoir]
où [pronom relatif ou adverbe de lieu] et *ou* [conjonction = ou bien]
là [adverbe de lieu] et *la* [article ou pronom]

181 Accent aigu ou accent grave ?

- Dans certains mots, le **é** se prononce [ɛ] ouvert. On admet aujourd'hui les deux orthographes :
  événement ou *évènement*
  allégement ou *allègement*

- Il en est de même pour la conjugaison des verbes du type **céder**. Au futur et au conditionnel, on admet les formes avec l'accent grave conformes à la prononciation actuelle :
  il cédera ou *il cèdera, il céderait* ou *il cèderait.* → 218

L'accent circonflexe

L'accent circonflexe se place sur les voyelles **a**, **e**, **i**, **o**, **u** de certains mots.

182 *â*, *î*, *û* dans quelques formes verbales

On écrit avec un circonflexe :

▶ Le **î** devant le **-t** des verbes en **-aître** et en **-oître**
(*paraître, connaître, naître*, etc., ou *croître, décroître, accroître*).
Il paraît que la température décroît.

Le **î** devant un **-t** dans les verbes *plaire*, *déplaire* et se *complaire*.
S'il vous plaît.

Les « Rectifications orthographiques » proposent la suppression de l'accent sur le *i* pour tous ces verbes, sauf quand il y a un risque de confusion avec un autre verbe : *il croit* [du verbe *croire*] ≠ *il croît* [du verbe *croître*]. → 218

▶ Le **â**, le **î** et le **û** des terminaisons *-âmes, -îmes, -ûmes ; -âtes, -îtes, -ûtes* (1ʳᵉ et 2ᵉ personnes du pluriel) du passé simple.
nous allâmes, vous fîtes, nous eûmes, vous fûtes

▶ Le **â**, le **î** et le **û** des terminaisons *-ât, -ît, -ût* du subjonctif imparfait (3ᵉ personne du singulier), ce qui peut permettre de distinguer cette forme de celle du passé simple (3ᵉ personne du singulier).

passé simple	subjonctif
il eut, il fut	*qu'il eût, qu'il fût*
il aima	*qu'il aimât*
il finit, il vint	*qu'il finît, qu'il vînt*

▶ Le **û** des participes passés **dû** et **crû** des verbes *devoir* et *croître*, mais uniquement au masculin singulier, pour distinguer ces participes de l'article *du* et du participe *cru* du verbe *croire*.

183 â, ê, ô, û pour distinguer des homonymes

On écrit avec un circonflexe :

▶ Le **â**, le **ê**, le **ô**, le **û** de certains mots.

tâche [travail]	≠ *tache* [salissure]
mûr [maturité]	≠ *mur* [cloison]
sûr [certain]	≠ *sur* [préposition]
pêcher [la pêche]	≠ *pécher* [le péché]
côte [os, pente]	≠ *cote* [note, cotation]
jeûne [ne pas manger]	≠ *jeune* [peu âgé]

▶ Le **ô** des pronoms possessifs **nôtre** et **vôtre** pour les distinguer des déterminants (ou adjectifs) possessifs **notre** et **votre**. Pour savoir s'il s'agit de l'un ou de l'autre, il suffit de mettre le possessif au pluriel.

	adjectif	pronom
singulier	C'est notre livre.	C'est le nôtre.
pluriel	Ce sont nos livres.	Ce sont les nôtres.

184 Avec ou sans accent : les erreurs les plus fréquentes

▶ On écrit **-âtre** ou **-iatre** ?

• On écrit **-âtre,** avec un circonflexe, la terminaison à valeur péjorative de certains noms ou adjectifs : *marâtre, acariâtre,* de même que les dérivés d'adjectifs de couleur comme *rougeâtre, blanchâtre…*

• On écrit **-iatre,** sans circonflexe, les noms de médecins spécialistes comme *pédiatre, psychiatre, gériatre.*
Le nez du psychiatre est rosâtre.

▶ On écrit **-ôme** ou **-ome** ?

• On écrit avec **-ôme** : *binôme, bôme* (n.f.), *diplôme, dôme, fantôme, môme, polynôme, symptôme, trinôme.*

• Les autres mots s'écrivent sans circonflexe : *aérodrome, chrome, axiome…*

▶ On écrit **-ôse** ou **-ose** ?
  • On écrit avec **-ôse** les noms de mois du calendrier républicain : *nivôse, pluviôse, ventôse*.
  • On écrit sans circonflexe tous les autres mots :
  hypnose, fructose, névrose, psychose, arthrose…

▶ **À l'intérieur d'une même famille ?**
  Les mots d'une même famille peuvent ne pas tous porter l'accent.

avec accent	sans accent
arôme	aromate, aromatiser, aromatique
cône	conique, conifère
côte, côtier	coteau
jeûner	déjeuner
fantôme	fantomatique
fût (d'un arbre)	futaie
grâce, disgrâce	gracieux, gracier, disgracieux
infâme	infamie
pâtir	compatir, compatissant
pôle	polaire
râteau	ratisser
symptôme	symptomatique
trône, trôner	introniser

▶ **Avec des mots qui se ressemblent**
  Certains mots qui se ressemblent peuvent induire en erreur.

avec accent	sans accent
boîte	il boite
carême	barème
château, gâteau, râteau	bateau
cône	clone
crû [de *croître*]	cru [d'un vin]
épître (lettre)	pupitre, chapitre
symptôme	syndrome
traîner	drainer

La cédille et le tréma

185 La cédille

▶ La cédille se place sous la lettre **c** devant *a*, *o*, *u*, pour indiquer le son -*s*-.

ça, en deçà, un maçon, le français

▶ Les verbes en **-cer** prennent donc un **ç** devant les lettres *a* et *o*.

Il avance [avec c] ➜ *il avançait, nous avançons* [avec ç].

▶ Les verbes en **-cevoir** prennent donc un **ç** devant les lettres *o* et *u*.

Il me déçoit, il m'a déçu.

186 Le tréma (¨)

▶ Le tréma se place sur le **i**, le **u**, ou le **e** pour indiquer que la **voyelle qui précède** doit être prononcée séparément.

héroïne, Saül, Noël

Le tréma permet en particulier de différencier :

le **-ai-** (de *paire*)	du **-a** | **ï-** (de *haïr*)
le **-oi-** (de *roi*)	du **-o** | **ï-** (de *héroïne*)
le **-oin-** (de *coincer*)	du **-o** | **ïn-** (de *coïncider*)
le **-gue** (de *algue*)	du **-gu** | **ë** (de *aiguë*)

Dans le cas de *aiguë* (*ambiguë*…), les « Rectifications orthographiques » proposent de déplacer le tréma sur le *u*. ➜ 218

Le trait d'union

187 L'emploi du trait d'union

▶ Le trait d'union permet de **former les mots composés** :
un sous-titre, un presse-citron, un je-ne-sais-quoi

▶ On met un trait d'union entre deux mots pour **indiquer une relation** :
un billet Paris-Marseille
un bon rapport qualité-prix
les relations franco-américaines

▶ Dans l'**écriture des nombres**, le trait d'union s'emploie après les dizaines, sauf quand on emploie *et* :
vingt-deux, MAIS *vingt et un*.

▶ On met un trait d'union **entre le verbe et le pronom** quand il y a inversion du sujet :
Viendrez-vous ?
ainsi que de part et d'autre du **t de liaison** quand le verbe se termine en *e* ou *a* :
Viendra-t-il ? A-t-elle froid ? Va-t-il bien ?
Aime-t-il les champignons ?

▶ On met un trait d'union **entre le verbe et le pronom** après un impératif :
Donne-le-moi.

▶ On met un trait d'union avec les **particules** *ci* et *là* :
ces jours-ci
ce jour-là

▶ On met un trait d'union devant l'adjectif **même** quand il renforce un pronom :
vous-même
eux-mêmes
MAIS jamais dans les autres cas :
ici même
le jour même

L'apostrophe et le phénomène de l'élision

188 L'élision

▶ **L'apostrophe** remplace la voyelle finale de certains mots grammaticaux lorsqu'ils précèdent un mot commençant par une voyelle ou un *h* muet : ce phénomène s'appelle l'élision.
le + éléphant ➡ *l'éléphant*

▶ **L'élision** ne se fait pas devant un *h* aspiré : *la haine*.

189 Les mots qui s'élident

▶ **le, la, je, me, te, se, ne, de, ce** et **que** s'élident devant une voyelle ou un *h* muet.
l'histoire [= la] ; *l'hôpital* [= le] ; *j'ai faim* [= je]
s'endormir [= se] ; *c'est* [= ce] ; *qu'il vienne* [= que]

▶ **puisque** s'élide toujours devant *il, elle, en, on, un, une* :
puisqu'il le faut
et de manière facultative devant une autre voyelle ou un *h* muet :
puisqu'autrefois ou *puisque autrefois*

▶ **lorsque** ne s'élide que devant *il, elle, en, on, un, une* :
lorsqu'ils viendront ; *lorsque arrivent les vacances*

▶ **presque** ne s'élide jamais, sauf dans le mot *presqu'île* :
On était presque arrivés.

▶ **si** s'élide devant *il* :
S'ils le disent…

▶ Certains mots du vocabulaire comportent une apostrophe. Ils sont peu nombreux :
aujourd'hui, prud'hommes, presqu'île, quelqu'un

Avec ou sans majuscule ?

190 On met une majuscule

- Au début d'une phrase : *La pluie tombe.*

- À l'initiale des **noms propres** :
  Marie Durand ; *habiter en France* ; *la planète Terre*
  et de certains noms communs quand ils sont employés comme des noms propres :
  le Créateur
  vivre dans le Midi (= la région)
  la Révolution française
  le journal Le Monde

- À certains noms employés comme **titres** :
  Votre Altesse ; *cher Monsieur* ; *merci Docteur*
  MAIS on écrit sans majuscule : *une altesse royale* ; *monsieur votre père* ; *un docteur en médecine.*

191 On ne met pas de majuscule

- Aux adjectifs qui correspondent aux noms d'habitants ou de peuples : *Il est français.*

- Aux noms de langues : *le français, l'anglais.*

- Aux noms de jours et de mois, sauf s'il s'agit d'une date historique :
  le 5 août, mardi 5 août
  MAIS *fêter le 14 Juillet*

- Aux termes génériques de géographie (*océan, mer, mont, golfe*…) :
  l'océan Atlantique, le mont Blanc, le lac Léman, l'île de Ré…
  SAUF s'ils font partie intégrante du nom propre :
  le massif du Mont-Blanc, Golfe-Juan, l'Île-de-France…

192 Les points cardinaux : avec ou sans majuscule ?

▶ Les points cardinaux s'écrivent avec une **minuscule** pour indiquer l'orientation, la direction.
une terrasse au sud, la face nord
vers l'ouest, des vents d'est

▶ On met une **majuscule** pour désigner une région, un lieu géographique et dans les noms propres.
une maison dans le Sud
le pôle Nord
l'Amérique du Nord

193 Les noms d'habitants, de peuples, de religions : avec ou sans majuscule ?

▶ On écrit avec une **majuscule** les noms d'habitants, de nationalités ou de peuples.
un Parisien, un Français, un Sioux
MAIS pas l'adjectif correspondant : *Il est français, il est parisien.*

▶ On écrit **sans majuscule** les noms des religions et de ceux qui les professent.
le christianisme, le judaïsme, l'islam
un chrétien, un juif, un musulman

▶ On écrit avec une **majuscule** les noms des grandes périodes historiques.
l'Antiquité, le Moyen Âge, la Renaissance…

Les signes de ponctuation

Les signes de ponctuation permettent de rendre compte à l'écrit des intonations, des pauses et du rythme des phrases dites à l'oral.

194 Les principaux points

▶ Le **point (.)** termine une phrase.

▶ Le **point d'interrogation (?)** termine une phrase interrogative.
Vient-il ? Est-ce qu'il vient ?

▶ Le **point d'exclamation (!)** termine une phrase exclamative :
Quel beau temps !
ou s'emploie après une interjection :
Eh bien ! je t'attends.

195 La virgule (,)

▶ La virgule correspond à une **pause légère à l'oral**.
• Elle sépare les éléments d'une énumération (mots juxtaposés) :

Il y avait des pommes, des poires, des raisins et des fruits secs.
• Elle suit un complément déplacé en tête de phrase, un élément mis en relief en tête de phrase, un mot mis en apostrophe :

L'an dernier, nous sommes allés…
Lui, il n'ira pas.
Marie, reviens !

▶ **On encadre avec deux virgules** une précision ou une explication.

Marie, sa mère, était…
Je viendrai, je vous l'assure, demain.
Son père, qui était un homme sage, lui a dit que…

▶ On met une virgule **avant certains mots** qui introduisent une restriction ou une explication.

148

Il fait beau, mais (néanmoins, cependant, toutefois…) il y a des nuages.
Il veut des cadeaux, par exemple (à savoir, en particulier…) des livres.

▶ On met une virgule **après des mots** comme : *en outre, bref, premièrement, en conclusion…*

▶ **On ne sépare jamais par une virgule simple le verbe de son sujet ou de son complément.** On écrira donc :
Les fleurs que j'ai cueillies sont belles [sans virgule].
J'ai bu ce soir avec des amis du champagne [sans virgule].
J'ai bu, ce soir avec des amis, du champagne [avec deux virgules].
MAIS jamais :
Les fleurs que j'ai cueillies, sont belles.
J'ai bu ce soir avec des amis, du champagne.

196 Le point-virgule (;)

▶ Le **point-virgule**, moins fort que le point, **permet d'unir** des phrases complètes qu'on veut associer logiquement.
Les enfants l'adoraient ; elle le méritait.

▶ Le **point-virgule**, plus fort que la virgule, **permet de séparer** des parties assez longues d'une phrase, surtout quand elles sont déjà ponctuées par des virgules.
Un enfant peut être intelligent, astucieux, en avance ; ce n'est jamais qu'un enfant.

Familles de mots et orthographe

On appelle le plus souvent « famille de mots » un ensemble de mots ayant le même radical ou le même mot de base. Ainsi, *fabriquer*, *fabrication*, *fabricant*, *fabrique* sont de la même famille. De même, *neiger*, *neigeux*, *déneiger* sont de la famille du mot *neige*.

197 Les familles unies

Le plus souvent, le radical reste inchangé et les mots d'une même famille sont formés par l'addition de suffixes ou de préfixes.

▶ Addition de **suffixes** (à la fin du radical) :
affiche → *afficher* → *affichage* → *affichiste*
décor → *décorer* → *décorateur* → *décoratif*…

Quelquefois, la terminaison du mot de base est modifiée :
fabriquer → *fabrication*
conjuguer → *conjugaison*

▶ Addition de **préfixes** (devant le mot de base) :
auteur → *coauteur*
fin → *extrafin*
faire → *défaire, refaire*

Pour les préfixes entraînant des difficultés → 200-204.

198 Les familles désaccordées

Il peut arriver que le radical ou « mot de base » ait une orthographe différente du reste des mots de la famille, ce qui constitue une anomalie à connaître. → 220

▶ Parfois, la consonne est simple ou double pour les mots d'une même famille :
imbécile avec un **l**, MAIS *imbécillité* avec **ll**
combattre, *combattant* avec **tt**, MAIS *combatif*, *combativité* avec un seul **t**
siffler, *sifflet*, *siffleur* avec **ff** MAIS *persifler* avec un seul **f**

bonhomme avec **mm**, MAIS *bonhomie* avec un seul **m**
charrette, *charrue* avec **rr**, MAIS *chariot* avec un seul **r**

▶ Parfois, l'accent circonflexe disparaît pour les mots d'une même famille :

symptôme avec un accent
MAIS *symptomatique* sans accent ➜ 184

199 Participes présents et dérivés de verbes

Participe présent et adjectif verbal

Quelquefois, l'adjectif verbal et le participe présent n'ont pas la même orthographe tout en ayant la même prononciation.

▶ **Verbes en *-ger*, *-guer*, *-quer***

verbe	participe présent	adjectif verbal
diverger	divergeant	divergent
négliger	négligeant	négligent
fatiguer	fatiguant	fatigant
naviguer	naviguant	navigant
communiquer	communiquant	communicant
suffoquer	suffoquant	suffocant

▶ **Autres verbes**

verbe	participe présent	adjectif verbal
adhérer	adhérant	adhérent
équivaloir	équivalant	équivalent
influer	influant	influent
résider	résidant	résident

Noms dérivés

▶ Les noms dérivés suivent l'orthographe de l'adjectif verbal.

participe présent	adjectif verbal	nom
divergeant	divergent	divergence
naviguant	navigant	navigation
suffoquant	suffocant	suffocation
adhérant	adhérent	adhérence

Les préfixes pièges :
a-, dé-, dis-, in-, ré-...

200 Le préfixe *a-*

▶ Ce préfixe indique l'absence. Il se joint à un mot de base sans jamais en modifier l'orthographe :
moral ➡ *amoral*
symétrie ➡ *asymétrie* [avec un seul *s* ; ne pas confondre avec *dis-*, *dys-*]

201 Le préfixe *dé-* : *dé-*, *dés-* ou *des-* ?

Ce préfixe indique une action contraire, opposée.

▶ On écrit **dé-** devant une consonne :
défaire, démaquiller

▶ On écrit **dés-** devant une voyelle ou un *h* muet :
désinfecter, déshabiller

▶ On écrit **des-** devant un *s* suivi d'une voyelle. Le mot formé s'écrit alors avec **ss** : *desservir, desserrer*.
MAIS les mots récents ou nouveaux se forment avec **dé-** :
désensibiliser, désolidariser

202 Les préfixes *dis-* et *dys-*

▶ **dis-** indique la différence, l'absence :
disproportion, disqualifier
*dissemblable, dissymétrie**
* Devant un mot de base commençant par *s*, le mot formé s'écrit avec **ss**.

▶ **dys-** signifie « mauvais, difficile » :
dysfonctionnement, dyslexie

203 Les préfixes négatifs : *il-*, *im-*, *in-*, *ir-*

- On emploie **il-** devant un mot commençant par *l*. Le mot formé s'écrit alors avec **ll** :
  illogique, illimité

- On emploie **im-** devant un mot commençant par *m*, *b*, *p* :
  immature, imbuvable, impossible

- On emploie **in-** devant une voyelle, un *h* muet ou une consonne autre que *b*, *m*, *p* :
  inefficace, inhabituel, inclassable

- On emploie **ir-** devant un mot commençant par *r*. Le mot formé s'écrit alors avec **rr** :
  irréel, irréalisable

- Les mots récents ont tendance à garder le **in-**, même devant *l* ou *r* : *inratable, inlogeable.*

204 Le préfixe *re-* : *re-*, *ré-*, *r-* ou *res-* ?

- On emploie **ré-** ou **r-** devant une voyelle ou un *h* muet :
  réorganiser, réhabiliter, rouvrir, rhabiller
  Quelquefois, on trouve les deux possibilités : *récrire* ou *réécrire*.

- On écrit **re-** devant une consonne ou un *h* aspiré : *recommencer, rehausser*.
  - Devant **s + consonne**, on écrit **re-** : *restructurer*.
  - Devant **s + voyelle**, on écrit **res-** en doublant le *s* :
  ressortir, ressaigner, ressaisir, ressauter, resserrer ;
  ou **re-**, sans doubler le *s* : *resaler*.

  Certains mots peuvent s'écrire des deux manières :
  resurgir ou *ressurgir*.

Les adverbes en *-ment*

La plupart des adverbes en *-amment*, *-emment* ou *-ment* se forment à partir de l'adjectif.

205 L'adverbe en *-amment* ou en *-emment*

▶ Toujours prononcé avec *-a-*, cet adverbe se forme à partir du masculin de l'adjectif en *-ant* ou en *-ent*.

adjectif en **-ant** ➜ **-amment**	adjectif en **-ent** ➜ **-emment**
bruyant ➜ *bruyamment*	*différent* ➜ *différemment*
brillant ➜ *brillamment*	*prudent* ➜ *prudemment*
courant ➜ *couramment*	*violent* ➜ *violemment*

206 Les autres adverbes en *-ment*

Ils se forment le plus souvent à partir du féminin de l'adjectif.

▶ L'adjectif a la même forme au masculin et au féminin : on ajoute **-ment**.

logique ➜ *logiquement*
propre ➜ *proprement*

MAIS le **e** peut prendre l'accent aigu :

aveugle ➜ *aveuglément*
intense ➜ *intensément*

▶ L'adjectif n'a pas la même forme au masculin et au féminin : on ajoute **-ment** au féminin.

fier ➜ *fière* ➜ *fièrement*
vif ➜ *vive* ➜ *vivement*
grand ➜ *grande* ➜ *grandement*
doux ➜ *douce* ➜ *doucement*
lent ➜ *lente* ➜ *lentement*
fou ➜ *folle* ➜ *follement*

- L'adjectif masculin se termine par *é*, *i*, ou *u* : on ajoute **-ment**.
  aisé → *aisément*
  poli → *poliment*
  vrai → *vraiment*
  absolu → *absolument*
  MAIS il existe des exceptions :
  gai → *gaiement*
  assidu → *assidûment*
  cru → *crûment*
  (l'accent circonflexe marquant la chute du *e* du féminin).

- Certains adverbes en **-ment** sont dérivés d'adjectifs aujourd'hui disparus ou formés sur des radicaux différents :
  notamment, précipitamment, sciemment, brièvement…
  Seul le dictionnaire peut alors lever la difficulté.

Quelques racines grecques et latines

207 Les racines les plus courantes

La connaissance de ces éléments de formation des mots permettra d'éviter nombre de fautes d'orthographe.

éléments	sens	exemples
aér(o)	air	*aérodrome*
agr(o)	champ	*agriculture*
anthrop(o)	être humain	*anthropologie*
aqua	eau	*aquarium*
arché(o)	très ancien	*archéologie*
arthr(o)	articulation	*arthrose*
biblio	livre	*bibliothèque*
cardio	cœur	*cardiologie*
chrom(o)	couleur	*polychrome*
chron(o)	temps	*chronologie*
cide	qui tue	*insecticide*
cratie	pouvoir	*démocratie*
cycl(o)	cercle	*bicyclette*
drome	piste de course	*hippodrome*
dynam(o)	force	*dynamique*
fère	qui porte	*mammifère*
game	mariage	*polygame*
gastro	estomac	*gastrologie*
gène	qui crée	*allergène*
gone	angle	*polygone*
graph(o)	écrire	*orthographe*
gyne	femme	*misogyne*
hémo	sang	*hémorragie*
hétér(o)	autre	*hétérogène*
hipp(o)	cheval	*hippodrome*
hom(o)	semblable	*homonyme*
hydr(o)	eau	*hydravion*
hyper	élevé, grand	*hypertension*
hypn(o)	sommeil	*hypnose*
hyp(o)	dessous	*hypotension*
iatre	médecin	*pédiatre*
kine	mouvement	*kinésithérapeute*
litho	pierre	*lithographie*
morph(o)	forme	*morphologie*

éléments	sens	exemples
myth(o)	fable, légende	*mythologie*
omni	tout	*omnivore*
onyme	nom	*homonyme*
paléo	ancien	*paléontologie*
path(o)	maladie	*psychopathe*
phil(o)	qui aime	*philanthrope*
phobe	qui craint, déteste	*claustrophobe*
poly	plusieurs	*polygone*
psych(o)	esprit	*psychologie*
rhino	nez	*rhinocéros*
scope	examiner	*télescope*
théo	dieu	*théologie*
thèque	lieu de rangement	*bibliothèque*
thérap(ie)	cure, soin	*psychothérapie*
therm(o)	chaleur	*thermomètre*
typo	marque, caractère	*typographie*
vore	qui mange	*omnivore*
xéno	étranger	*xénophobe*
zoo	animal	*zoologie*

Les abréviations

Il existe plusieurs types d'abréviations. Certaines d'entre elles permettent de former de nouveaux mots :
CGT → *cégétiste* ; *SMIC* → *smicard*...

208 L'abréviation uniquement écrite d'un mot

▶ On écrit une ou plusieurs lettres, mais on prononce le mot entier.

M. pour *monsieur*
p. pour *page*

▶ L'abréviation est suivie d'un point abréviatif, sauf quand la dernière lettre de l'abréviation est aussi la dernière lettre du mot abrégé.

av. pour *avenue*
bd pour *boulevard*

▶ Au pluriel, il peut exister des formes spécifiques.

MM. pour *messieurs*
pp. pour *pages*

209 Les symboles et unités de mesure

▶ Les symboles abrégeant des unités de mesure ou des unités monétaires ne sont jamais suivis d'un point.

k pour *kilo*
km pour *kilomètre*

▶ Les symboles ne prennent jamais la marque du pluriel.

Il a parcouru 100 km dans la matinée.
Cela coûtait autrefois 100 F.

210 L'abréviation orale et écrite d'un mot jugé trop long

▶ Le plus souvent on supprime la fin du mot.
bac pour *baccalauréat*
télé pour *télévision*
météo pour *météorologie*

▶ L'abréviation d'un nom **prend la marque du pluriel**.
Ils ont deux télés.

▶ L'abréviation d'un adjectif ou d'un nom employé comme adjectif est **invariable**.
des bulletins météo

211 L'abréviation d'un groupe de mots

Elle se fait par le recours au **sigle**, qui se prononce :

▶ soit en détachant chacune des lettres :
HLM : habitation à loyer modéré

▶ soit comme un mot ordinaire :
SMIC : salaire minimum interprofessionnel de croissance
On parle alors d'**acronyme**. Certains de ces acronymes sont devenus des noms communs comme les autres :
le sida, un laser…
L'usage des points et des majuscules dans les abréviations tend à disparaître : *une hlm, le smic.*

212 Principales abréviations

TITRES

docteur	D^r
madame	Mme
mesdames	Mmes
mademoiselle	Mlle
mesdemoiselles	Mlles
maître	M^e
maîtres	M^{es}
monsieur	M.
messieurs	MM.
professeur	P^r

CORRESPONDANCE, ADRESSES

arrondissement	arr.
avenue	av.
boulevard	bd
faubourg	fg
boîte postale	B.P.
en ville	E.V.
aux bons soins de	c/o[1]
Compagnie	Cie
Établissements	E^{ts}
Société	S^{té}
notre référence	N/Réf.
par ordre	p.o.
pièce jointe	p.j.
post-scriptum	p.s.
pour copie conforme	p.c.c.
s'il vous plaît	S.V.P.

TEXTES DIVERS

c'est-à-dire	c.-à-d.
et cetera	etc.
confer	cf.
idem	id.
page	p.
pages	pp.
numéro	n^o
avant midi	a.m.[2]
après midi	p.m.[3]
avant Jésus-Christ	av. J.-C.
après Jésus-Christ	apr. J.-C.
siècle	s.
environ	env.
saint	S^t
sainte	S^{te}
Notre-Dame	N.-D.

UNITÉS DE MESURE
(il n'y a jamais de point)

litre	l
mètre	m
kilomètre	km
gramme	g
kilogramme	kg
heure	h
minute	min
seconde	s

---

1. c/o = *care of* ; 2. a.m. = *ante meridiem* ; 3. p.m. = *post meridiem*.

Les homonymes : *ce* ou *se* ? *ancre* ou *encre* ?

Les **homonymes** sont des mots qui se prononcent de la même manière mais qui n'ont pas la même orthographe :
l'ancre du bateau ≠ *l'encre pour écrire*.

213 Les homonymes grammaticaux : *ce* ou *se* ?

a ou *à* ?

▶ On écrit **a**, quand on peut dire *avait*.

Il s'agit du verbe (ou de l'auxiliaire) *avoir*.

Il a faim. → *Il avait faim.*
Il a travaillé. → *Il avait travaillé.*
[Si un verbe suit, il est au participe passé.]

▶ On écrit **a** dans les locutions latines.

a contrario, a priori, a posteriori

▶ On écrit **à** avec un accent dans les autres cas.

Il s'agit d'une préposition qu'on peut le plus souvent remplacer par une autre.

à Paris [= *dans* Paris]
un manteau à capuche [= *avec* capuche]
un travail à faire, à finir, à boucler
[Si un verbe suit, il est à l'infinitif.]

ce ou *se* ?

▶ On écrit **ce** :
- quand, au féminin, on dirait *cette* :

Je veux ce cahier. [Je veux *cette* feuille.]

- quand on peut dire *ceci, cela*, ou *la chose qui* :

Ce n'est pas grave [Cela...]
Ce qui me plaît... [La chose qui...]

▶ On écrit **se** quand on peut conjuguer et dire *me* ou *te*. C'est un pronom réfléchi.

Il se tait. → *Je me tais, tu te tais.*

ces ou ses ?

▶ On écrit **ces** quand, au singulier, on dirait *ce* ou *cette*.
Regardez ces livres [*ce livre*].

▶ On écrit **ses** quand, au singulier, on dirait *son* ou *sa*.
Ce sont ses dessins et ses gravures [*son livre et sa gravure*].

eut ou eût, fut ou fût ?

▶ **Passé simple** ou **subjonctif imparfait** ?

• Il n'y a pas d'accent circonflexe au passé simple.
Au pluriel, on dirait *eurent* ou *furent*.

Il eut tôt fait de… → *Ils eurent…*
Il fut le premier à… → *Ils furent les premiers à…*

• Il y a un accent circonflexe au subjonctif imparfait.
Au pluriel, on dirait *eussent* ou *fussent*.

Bien qu'il eût… → *Bien qu'ils eussent*
Bien qu'il fût… → *Bien qu'ils fussent*
Fût-il le meilleur !… → *Fussent-ils les meilleurs !*

la ou là, ça ou çà, ou ou où ?

▶ On écrit **là**, **çà** et **où** pour indiquer le lieu.
C'est là.
On en trouvait çà et là.
Là où je vais…

▶ On écrit **la** quand on peut dire *les*, **ça** quand on peut dire *cela*, **ou** quand on peut dire *ou bien*.
prends-la → *prends-les*
une pomme ou une poire [= ou bien]

quand ou quant ?

▶ On écrit **quant** avec un **t** uniquement dans l'expression **quant à**, qui signifie « en ce qui concerne… ».
Quant à moi, je pense que…
Dans tous les autres cas, **quand** indique – ou interroge sur – le temps.

214 Les autres homonymes : *amande* ou *amende* ?

▶ La liste qui suit présente les mots sur lesquels les erreurs sont les plus fréquentes.

acquis [*pour acquis*]
acquit [*par acquit de conscience*]

amande [fruit]
amende [contravention]

ancre [du bateau]
encre [pour écrire]

côte [rivage, os, pente]
cote [niveau, mesure]

dessein [but]
dessin [de *dessiner*]

différend [désaccord]
différent [autre]

fonds [de commerce]
fond [*un bon fond*]

for [en son for intérieur]
fort [de Briançon]

gêne [difficulté]
gène [génétique]

glaciaire [*l'ère glaciaire*]
glacière [pour le pique-nique]

golf [sport]
golfe [bord de mer]

martyr [personne]
martyre [supplice]

pause [arrêt]
pose [attitude, montage]

près de [sur le point de]
prêt à [préparé pour]

raisonner [avec logique]
résonner [faire du bruit]

repaire [abri]
repère [pour se repérer]

sceptique [qui doute]
septique [*fosse septique*]

session [séance]
cession [de *céder*]

tache [salissure]
tâche [travail]

teinter [couleur]
tinter [son]

voie [chemin]
voix [pour parler]

voir [le verbe]
voire [et même]

215 En un mot... ou en deux ?
quoi que ou quoique ?

◗ *affaire* ou *à faire* ?

▶ On écrit **affaire** en un mot dans l'expression **avoir affaire à**.
Je n'ai jamais eu affaire à lui.

▶ On écrit **à faire** en deux mots quand il s'agit du verbe *faire* (on peut ajouter « quelque chose »).
Ne me dérangez pas, j'ai à faire. [= J'ai quelque chose à faire.]

◗ *quelle* ou *qu'elle* ?

Quelle belle fleur ! Qu'elle est belle !
Quelles belles fleurs ! Qu'elles sont belles !

▶ On écrit **quelle** en un mot quand, avec un nom masculin, on dirait *quel* :
Quelle belle fleur ! → *Quel beau bouquet !*
Quelles belles fleurs ! → *Quels beaux bouquets !*

▶ On écrit **qu'elle** en deux mots quand, au masculin, on dirait *qu'il* :
Qu'elle est belle ! → *Qu'il est beau !*
Qu'elles sont belles ! → *Qu'ils sont beaux !*

◗ *quel que*, *quelque* ou *quelque* ?

▶ **quel que, quelle que**, en deux mots, se place toujours devant les verbes *être* ou *pouvoir*, ou quelquefois *devoir* au subjonctif.
Quelles que soient vos intentions...
Quelles que puissent être vos intentions...
Quelle qu'ait été votre décision...
Prenez une décision, quelle qu'elle soit.
Faites un choix, quel qu'il soit.

▶ **quelque**, adverbe, se place toujours devant un adjectif.
Quelque gentil qu'il soit...
Quelque gentils qu'ils soient...

▶ **quelque**, adjectif indéfini, se place avant un nom.
Quelque plaisir qu'il ait connu...
Quelques joies qu'il ait connues...

quoique ou *quoi que* ?

- **quoique**, en un mot, signifie « malgré le fait que ».
  On peut le remplacer par *bien que*.
  On sortira quoiqu'il fasse mauvais.
  [= bien qu'il fasse mauvais]

- **quoi que**, en deux mots, signifie « quelle que soit la chose que ».
  Quoi qu'il fasse, quoi qu'il dise, on sortira.

- **quoi que**, en deux mots, s'emploie dans les expressions *quoi qu'il en soit* et *quoi que ce soit*.

Les paronymes : *éruption* ou *irruption* ?

Les **paronymes** sont des mots qui se ressemblent et que l'on prend souvent l'un pour l'autre :
l'*éruption* d'un volcan ≠ faire *irruption* dans une pièce.

216 Principaux paronymes

La liste qui suit présente les mots sur lesquels les erreurs sont les plus fréquentes.

acception [sens d'un mot]
acceptation [dire oui]

affection [trouble, mal]
infection [de *infecter*]

aménager [arranger]
emménager [quelque part]

collision [choc]
collusion [entente secrète]

compréhensible
[qu'on comprend]
compréhensif
[qui comprend, admet]

conjecture [hypothèse]
conjoncture [situation générale]

décade [dix jours]
décennie [dix ans]

effraction [bris]
infraction [au règlement]

éminent [remarquable]
imminent [tout proche]

éruption [de boutons, d'un volcan]
irruption [entrée soudaine]

évoquer [faire penser à]
invoquer [faire appel à]

inclinaison [pente]
inclination [penchant]

naturaliser [donner la nationalité]
nationaliser [une entreprise]

partial [pas neutre]
partiel [pas complet]

péremption [date de péremption]
préemption [droit de préemption]

perpétrer [un crime]
perpétuer [continuer]

percepteur [des impôts]
précepteur [d'un élève]

recouvrer [la santé]
recouvrir [couvrir]

vénéneux [*champignon vénéneux*]
venimeux [*serpent venimeux*]

Les principales rectifications de l'orthographe

L'Académie française enregistre et recommande certaines des rectifications proposées au *Journal officiel* du 6 décembre 1990. Les principaux dictionnaires présentent aujourd'hui les deux orthographes pour la plupart des mots concernés.

On note toutefois que, si aucune des deux orthographes ne peut être considérée comme fautive, ces propositions sont soumises à l'épreuve du temps et que, comme d'habitude en matière de langue, c'est l'usage qui tranchera.

217 Le trait d'union

▶ On recommande de souder certains **mots composés**, en particulier quand d'autres exemples existent déjà dans l'usage.

porte-monnaie → *portemonnaie*   comme déjà   *portefeuille*
risque-tout → *risquetout*   comme déjà   *faitout*

218 Le tréma et les accents

▶ On propose de placer le **tréma** sur la voyelle à prononcer.
aiguë → *aigüe*
ambiguë → *ambigüe*

▶ On recommande de changer l'**accent aigu** en **accent grave** chaque fois que la prononciation le demande.
il cédera → *il cèdera*   *crémerie* → *crèmerie*

Cela est déjà enregistré dans la plupart des dictionnaires et dans les œuvres écrites.

▶ L'**accent circonflexe** ne sera plus obligatoire sur le *i* et le *u*, où il ne note pas de prononciation particulière.

SAUF quand il permet de distinguer des homographes (*sûr* ≠ *sur*) ou de marquer une forme verbale particulière (passé simple, subjonctif) :

voûte → *voute*   comme *route*, *doute*…
il plaît → *il plait*   comme *il tait*

Cela n'est pas encore enregistré dans les dictionnaires usuels ni dans les œuvres écrites.

219 Les mots empruntés aux langues étrangères

▶ On les munira d'un **accent**, conformément à la prononciation française.

revolver ➞ *révolver*   *veto* ➞ *véto*

Pour de nombreux mots les deux orthographes sont aujourd'hui courantes.

▶ On modifiera l'**orthographe en -er** par une orthographe en **-eur**, conformément aux règles de formation des mots français.

un squatter ➞ *un squatteur*

▶ On adoptera les **règles du pluriel français**.

un match ➞ *des matchs*   *un box* ➞ *des box*

220 Les anomalies

▶ On propose de rectifier certaines anomalies ou incohérences dans l'orthographe des mots d'une même famille ou d'une même série.

chariot ➞ *charriot*	comme *charrette*
imbécillité ➞ *imbécilité*	comme *imbécile*
joaillier ➞ *joailler*	comme *poulailler*
girolle ➞ *girole*	comme *casserole*
interpeller ➞ *interpeler*	comme *appeler*

221 Le participe passé *laissé* suivi d'un infinitif

▶ On recommande de le rendre invariable sur le modèle de *fait*.

je les ai laissés entrer ➞ *je les ai laissé entrer*

comme   *je les ai fait entrer*

Dictionnaire des difficultés du français courant

A

à ou **a** ? 213

abat-jour n.m.inv. *des abat-jour* 21

abcès n.m. avec **ès** 180

abhorrer v. avec **h** et **rr** comme dans *horreur*

abîmer v. avec **î**

abjurer v. (renoncer à) ≠ **adjurer** (supplier) 216

abord n.m.
- *d'abord* en deux mots 2

abréger v. avec **é/è** devant *a* ou *o* : *abrège, abrégeons* 99 et 104

abréviations
- types d'~ 208-211
- principales ~ 212

abricot n.m.
- adjectif de couleur invariable 36

absenter (s') v.pron.
Elle s'est absentée. 63

absoudre v. conjug. 144
- participe : *absous, absoute*

abstenir (s') v.pron.
Elle s'est abstenue. 63

acajou n.m. *des acajous*
- adjectif de couleur invariable 36

acariâtre adj. avec **â** 184

accaparer v. avec un seul **p**

accéder v. [à] avec **é/è** : *accède, accédons* ; conjug. 104
- participe invariable 56

accélérer v. avec **é/è** : *accélère, accélérons* conjug. 104

accent
- ~ aigu ou grave ? 181
- ~ circonflexe 182-183
- *e, é, è* dans les conjugaisons 102-104

acceptation n.f. (dire oui) ≠ **acception** (sens d'un mot) 216

accès n.m. avec **ès** 180

accolade n.f. avec un seul **l**

accord
- les mots qui s'accordent 26
- l'~ de l'adjectif 28 à 38
- l'~ du nom 39 à 41
- l'~ du participe passé 55 à 70
- l'~ du verbe 50 à 54
- *d'accord* invariable

accordéoniste n. avec un seul **n** 173

accourir v. conjug. 114
- au futur : *ils accourront*

accroître v. avec **î** devant *t* 148 et 218

accueil n.m. avec **ueil** 163

accueillir v. conjug. 119

acheter v. avec **e/è** : *achète, achetons* 102
- à l'impératif : *achète, achètes-en* 94
- *Elle s'est acheté une voiture.*
La voiture qu'elle(il) s'est achetée. 66

achever v. avec **e/è** : *achève, achevons* 102

acolyte n.m. avec un seul **c**

acompte n.m. avec un seul **c**

a contrario sans accent 213

à-côté n.m. *des à-côtés*

à-coup n.m. *des à-coups*

acoustique adj. et n.f. avec un seul **c**

acquéreur n.m. sans féminin : *Elle s'est portée acquéreur.*

acquérir v. conjug. 116
- au futur : *il acquerra*

acquiescer v. avec **ç** devant *a* et *o* : *acquiesce, acquiesçons* 99

acquis n.m. avec **s** (de *acquérir*) ≠ **acquit** (de *acquitter*) 214

acquit n.m. *par acquit de conscience*

âcre adj. (qui pique, qui irrite) ≠ **âpre** (rude) 216

adjectif

adjectif
- accord de l'~ 28 à 31
- ~ de couleur 35 à 38
- ~ invariable 32
- ~ employé comme adverbe 3, 32

adjurer v. (prier) ≠ **abjurer** (renoncer à sa foi) 216

admettre v. conjug. 149
- au conditionnel : *vous admettriez*

adverbe
- l'~ en -**ment** 205
- l'adjectif employé comme ~ 3, 32
- accord avec un ~ de quantité 72

aér(o)- 207

aéroport n.m. se prononce *a-éro* 177

af- ou **aff-** ? 175

affaire ou **à faire** ? 215

a fortiori sans accent 213

agglomération n.f. avec **gg**

aggraver v. avec **gg** ≠ **agrandir**

agonir v. (couvrir d'injures) : *On l'agoni**ss**ait d'injures.* ≠ **agoniser** (être à l'agonie) *Le malade agonisait.*

agrafe n.f. **agrafer** v. avec un seul **f**

agresser v. avec un seul **g**

agresseur n.m. sans féminin : *C'est elle l'agresseur.*

agripper v. avec un seul **g** et **pp**

aguets n.m.plur. sans circonflexe

aide-mémoire n.m.inv. *des aide-mémoire* 21

aïeul, -e n. (grand-père, grand-mère) ; au pluriel : *aïeuls, aïeules* ≠ **aïeux** (ancêtres)

aigre-doux, aigre-douce adj. *des sauces aigres-douces* 21

aigu, aiguë adj. avec un tréma au féminin 186 et 218

aiguiller v. (diriger) ≠ **aiguillonner** (stimuler) 216

ailleurs adv.
- **d'ailleurs** en deux mots

aimer v. *j'aimerais* ou *j'aimerai* ? 92

aine n.f. sans circonflexe

aîné, -e adj. et n. avec **î**

ainsi adv.
- accord avec **ainsi que** 79

air n.m.
- accord avec **avoir l'air** 33

alcôve n.f. avec **ô**

alléger v. avec **ll**
- **allégement** ou **allègement** n.m. 181

1. aller v. conjug. 108

2. aller n.m. *deux allers pour Paris* 81 ; *deux allers-retours*

allocution n.f. (discours) ≠ **allocation** (somme d'argent) 216

alourdir v. avec un seul **l** ≠ **alléger**

amande n.f. (graine) ≠ **amende** (somme à payer) 214

amateur n.m. ou n.f. *Elle est amateur* ou *amatrice de…*

ambigu, -ë adj. avec un tréma au féminin 186 et 218

amende n.f. (somme à payer) ≠ **amande** (graine) 214

amer, -ère adj.

amoral, -e, -aux adj. (sans morale) ≠ **immoral** (contraire à la morale)

amour n.m.
- genre ? 7

anagramme n.f. *une anagramme* 8

ancre n.f. (du bateau) ≠ **encre** (d'un stylo) 214

année-lumière n.f. *des années-lumière* (= de lumière) 21

anoblir v. (donner un titre de noblesse) ≠ **ennoblir** (donner un caractère noble) 216

-anthrop(o)- 207

antiquité n.f. avec une majuscule pour la période historique 190

août n.m.

aparté n.m. *un aparté* 8

apercevoir v. conjug. 121
- accord du participe passé : *Elle s'est aperçue de...* 63

apogée n.m. avec **ée** 168

a posteriori sans accent 213

apostrophe 188

apparaître v. avec **î** devant *t* 146

apparemment adv. 205

appartenir v. [à] participe invariable : *Ils se sont appartenu*

appeler v. avec **l/ll** : *appelle, appelons* 103

appuyer v. avec **i** devant un *e* muet : *appuie, il appuiera* 106

après-midi n.m. ou f. *un* ou *une après-midi* 7
- *tous les lundis après-midi* 80

a priori sans accent 213

arbitre n. *un* ou *une arbitre*

arc-en-ciel n.m. *des arcs-en-ciel* 21

arène n.f. avec **è**

aréopage n.m. on prononce *a-ré-o* 177

armistice n.m. *un armistice* 8

aromate n.m. sans circonflexe

arôme n.m. avec **ô** 184

arrière
- invariable ou variable ? 84

arriver v. *Ils sont arrivés.*

artichaut n.m. avec un **t** final

artisan n.m. ou n.f. *Elle est artisan* ou *artisane.*

assaillir v. conjug. 119

asseoir v. avec un **e** à l'infinitif seulement et deux conjugaisons 126

assujettir v. avec **tt** ; conjug. 109

astérisque n.m. *un astérisque* 8

asymétrie n.f. avec un seul **s** ≠ **dissymétrie**

athée adj. et n. avec **ée**, même au masculin

atmosphère n.f. un seul **h** dans *-sphère*

-atre ou **-âtre** ? 184

attendre v. conjug. 141
- s'attendre à : *Elle ne s'était pas attendue à...* 63

attendu participe employé seul 58

attirail n.m. *des attirails* 20

attraper v. avec **tt** et un seul **p**

atypique adj. avec **y**, comme dans *type*

aubergine n.f.
- adjectif de couleur invariable 36

auburn adj.inv. *des cheveux auburn*

aucun, -e
- ~ devant un nom pluriel 42

audio adj.inv. *des bandes audio* 22

augure n.m. *de bon augure*

au revoir n.m.inv. *des au revoir*

aussi bien que
- accord avec ~ 79

auteur n.m. et f. *une auteur(e) ?* 12

automne n.m. avec **mn** 160

autre
- autre chose 77
- tout autre 46

auxiliaire
- ~ dans la conjugaison 90
- ~ et accord du participe 55-56

à-valoir n.m.inv. *des à-valoir*

avant
- invariable ou variable ? 84

avoir

1. avoir v.
- conjug. 96

2. avoir n.m. *un avoir, des avoirs* 81

axiome n.m. sans circonflexe 184

ayant droit n.m. sans trait d'union : *des ayants droit*

-ayer
- verbes en *-yer* 105

azimut n.m. *tous azimuts*

B

babouin n.m. avec **ouin** 165

baby-sitter n. *des baby-sitters*

bail n.m. *un bail, des baux* 20

bal n.m. *des bals* 20

balade n.f. (promenade) avec un seul **l** ≠ **ballade** (poème, musique)

balayer v. avec **y** ou **i** : *il balaye* ou *balaie* conjug. 105

balistique adj. et n.f. avec un seul **l** ≠ **balle**

ballade n.f. (poème, musique) avec **ll** ≠ **balade** (promenade)

banal, -e adj. *des événements banals* 20

bancaire adj. avec **c**

bancal, -e adj. *des meubles bancals* 20

bande n.f. *des bandes-annonces, des bandes-son, des bandes vidéo*
- accord avec *une bande de* 71

banderole n.f. avec un seul **l** 174

baptême n.m. avec **ê**

barème n.m. sans circonflexe

barman n.m. *des barmans* 24

basilique n.f. (église) ≠ **basilic** n.m. (herbe)

bateau n.m. sans circonflexe 184

bâton n.m. avec **â**

battre v. *je bats, il bat* ; conjug. 150

- au conditionnel : *vous bat**triez***

beau, belle adj.
- **bel** devant un nom masculin singulier commençant par une voyelle ou un **h** muet : *un bel homme*

beaucoup
- accord avec ~ *de* 72

bédouin, -e adj. et n. avec **ouin** 165

bégaiement n.m. avec un **e** muet 159

bégayer v. avec **y** ou **i** : *il bégaye* ou *bégaie* 105

beige adj. *des robes beiges* ; *des robes beige clair* 37

bénin, bénigne adj. féminin avec **-igne** comme *malin, maligne*

bénit, e adj. *de l'eau bénite* ≠ *béni* (participe de *bénir*) : *on l'a bénie*

best-seller n.m. *des best-sellers*

bétail n.m. sing.

bibliographie n.f. (liste de textes) ≠ **biographie** (texte sur la vie de quelqu'un) 216

bibliothèque n.f. **bibliothécaire** n. avec **c**

bien adj.inv. *Ils sont bien.*

bientôt adv. (dans peu de temps) en un mot ≠ **bien tôt** (très tôt)

bijou n.m. *des bijoux* 20

bio adj.inv. *des produits bio* 210

biographie n.f. (texte sur la vie d'une personne) ≠ **bibliographie** (liste d'œuvres, d'articles) 216

biscotte n.f. avec **tt** 176

bissectrice n.f. avec **ss**

bissextile adj. avec **ss**

blâme n.m. avec **â**

blanc, blanche adj. *une robe blanche* ; *une peinture blanc cassé* ; *une robe blanc et bleu* 38

blanchâtre adj. avec **-âtre** 184

blême adj. avec ê

bleu, -e adj. *des yeux bleus, bleu clair, bleu-vert* 37

blond, -e adj. et n. *des cheveux blonds, blond doré* 37

bocal n.m. *des bocaux*

bœuf n.m. avec œu

boire v. conjug. 136

boîte n.f. avec î

boiter v. sans circonflexe

bon, bonne adj.
• bon marché 83

bonbon n.m. avec **n** devant *b*

bonbonne n.f. avec **n** devant *b*

bonhomie n.f. avec un seul **m** 198

bonhomme n.m. et adj.
• au pluriel pour le nom : *des bonshommes* ou *des bonhommes*
• au pluriel pour l'adjectif : *bonhommes : des airs bonhommes*

bouger v. avec **e** devant *a* et *o* : *il bougea, nous bougeons* 99

bouillir v. *je bous, il bout* conjug. 113
• au futur : *bouillira*

bouillant, -e adj. *Elle est bouillante de fièvre.* ≠ *Elle arrive, bouillant d'impatience* (participe présent). 86

bouleau n.m. (arbre) ≠ **boulot** (travail)

boursoufler v. **boursouflure** n.f. avec un seul **f** ≠ **souffler**

bouteille n.f.
• *des pulls vert bouteille* 36

box n.m. (garage) ≠ **boxe** n.f. (sport)
• au pluriel : *des box* ou *des boxes* ? 24

bref, brève adj.

broyer v. avec **y/i** : *il broie, nous broyons* ; conjug. 106

bru n.f. sans *e* 169

brûler v. *Elle s'est brûlée au doigt* ; *elle s'est brûlé le doigt.* 66

brûlant, -e adj. *Elle est brûlante de fièvre.* ≠ *Elle arrive, brûlant de curiosité* (participe présent). 86

brun, -e adj. *des cheveux bruns* ; *des cheveux brun foncé* 37

brut, -e adj. *une matière brute* ≠ **brut** adv. *gagner 1 000 euros brut*

brutal, -e, -aux adj. *un geste brutal, des gestes brutaux*

butoir n.m. *des dates butoirs* 41

butte n.f. *être en butte à* ≠ **but** n.m. (objectif)

C

ça ou **çà** ? 213

câble n.m. avec â

cadre n.m. *des accords cadres, des lois-cadres* 41

caduc, caduque adj.

caducée n.m. avec **-ée** 168

cahot n.m. (secousse) ≠ **chaos** (désordre)

cahoteux, -euse adj. *un chemin cahoteux* (avec secousses) ≠ **chaotique** (désordonné) 216

caillou n.m. *des cailloux*

cal n.m. *des cals* 20

camaïeu n.m. *des camaïeus* ou *des camaïeux* 20

camion n.m. *des camions-citernes*

camping-car n.m. *des camping-cars*

canal n.m. *des canaux*

canard n.m. *des pulls bleu canard*

cane n.f. (animal) ≠ **canne** (bâton) 214

cap n.m. *le cap Horn* 191
• de pied en cap (des pieds à la tête)
≠ **cape** n.f. (manteau)

caparaçonné

caparaçonné, e adj. bien prononcer *ca-pa-ra* ; vient de *caparaçon* (housse de protection du cheval) et non de *carapace* 177

cape n.f. *un film de cape et d'épée* ≠ **cap** n.m.

caribou n.m. (renne du Canada) *des caribous* 20

carmin n.m. et adj.inv. *des lèvres carmin* 36

carnaval n.m. *des carnavals* 20

carotte n.f. avec **-tt**
- adjectif de couleur invariable : *des cheveux carotte* 36

carriole n.f. avec **rr** et un seul **l** 174

carrosse n.m. avec **rr**

casserole n.f. avec un seul **l** 174

casse-tête n.m.inv. *des casse-tête*

caténaire n.f. *une caténaire*

cauchemar n.m. sans *d* final

ce ou **se** ? 213

céder v. avec **é/è** : *cède, cédons* ; conjug. 104

cédille 185

censé, -e adj. (supposé) ≠ **sensé** (qui a du bon sens)

cent adj. numéral
- avec ou sans **s** au pluriel ? 48
- liaison avec ~ 178

centaine n.f. *par centaines*
- accord avec une centaine de 72

centre-ville n.m. *des centres-villes*

cep n.m. (pied de vigne) ≠ **cèpe** (champignon) 214

cercueil n.m. avec **ueil** 163

cérémonial n.m. *des cérémonials* 20

cerfeuil n.m. avec **euil** 163

cerf-volant n.m. *des cerfs-volants*

cerne n.m. *un cerne*

certains, certaines
- accord avec ~ d'entre nous 75

ces ou **ses** ? 213

cession n.f. (de *céder*) ≠ **session** (séance) 214

c'est
- accord avec *c'est moi, toi ... qui* 53

c'est-à-dire avec des traits d'union

chacal n.m. *des chacals* 20

chacun, -e
- accord avec ~ 77

chair n.f. (corps) ≠ **chaire** (tribune) ≠ **chère** (nourriture)
- adjectif de couleur invariable : *des collants chair* 36

champignon n.m.
- *des villes champignons* 41

chandail n.m. *des chandails*

chaos n.m. (désordre) ≠ **cahot** (secousse) 214
- **chaotique** adj. ≠ **cahoteux**

chapitre n.m. sans circonflexe 184

chaque adj. indéfini
- *Chaque garçon et chaque fille **aura** son livre*

chariot n.m. avec un seul **r** ≠ **charrette** avec **rr** 198

charnière n.f
- *des périodes charnières* 41

charrette n.f. avec **rr**

chas n.m. (d'une aiguille) avec **s** ≠ **chat** (animal)

chassé-croisé n.m. *des chassés-croisés*

chasse-neige n.m. *des chasse-neige*

châssis n.m. avec **â**

châtaignier n.m. avec **-ier**

châtain adj. invariable en genre : *Elles sont **châtains**.*
- *des cheveux châtains, châtain clair* 37

château fort n.m. sans trait d'union : *des châteaux forts*

chaud, -e adj. **chaud** adv. 32

chef-d'œuvre n.m. *des chefs-d'œuvre*

chef-lieu n.m. *des chefs-lieux*

chenal n.m. *des chenaux*

chèque n.m. *des chèques-cadeaux ; des chèques-restaurant*

cher, chère adj. **cher** adv. 32

chère n.f. (nourriture) *aimer la bonne chère* ≠ **chair** (corps) ≠ **chaire** (tribune)

cheval n.m. *des chevaux*

chevreuil n.m. avec **-euil** 163

chic adj. invariable en genre : *une fille chic* 32

choc n.m. *des mesures chocs* 41

chœur n.m. *en chœur* (ensemble) ≠ **cœur** (organe) 214

chose n.f.
- *autre chose, pas grand-chose, quelque chose* sont du masculin singulier 77

chromosome n.m. sans circonflexe

-ci 187

ciel n.m. a deux pluriels : *cieux* dans les emplois religieux ou poétiques et *ciels* dans les emplois techniques : *des ciels de lit, les ciels d'un peintre*
- adjectif de couleur invariable 36

ci-inclus, ci-joint, ci-annexé 58

cime n.f. sans circonflexe

ciné-club n.m. *des ciné-clubs*

cinéphile n. avec **-phile** (qui aime) 207

cinquantaine n.f.
- accord avec *une cinquantaine de* 72

circonflexe
- avec ou sans accent ~ ? 184

circonlocution n.f. (détour en paroles) ≠ **circonvolution** (cercle) 216

circonscrire v. conjug. 139
- *Cet incendie est circonscrit.* ≠ *Ce garçon est circoncis.*

citron n.m.
- adjectif de couleur invariable 36

civilisation n.f. *les civilisations grecque et romaine* 31

clair, -e adj. *des yeux clairs, bleu clair* 37
- ~ est invariable comme adverbe : *ils voient clair*

classicisme n.m. avec **ss** puis **c** comme dans *classique*

clé ou **clef** n.f. avec ou sans trait d'union : *des postes clés ; des mots-clés* 41

clin d'œil n.m. *des clins d'œil*

cloître n.m. avec **î**

clôturer v. avec **ô**

clou n.m. *des clous*

coach n. *des coachs* 24

coasser v. *La grenouille coasse.* ≠ **croasser** (pour le corbeau) 216

COD
- comment trouver le COD ? 60

cœur n.m. ≠ **chœur**

coïncidence n.f. avec **ï**

collectif
- accord avec un collectif 71

collision n.f. (choc) ≠ **collusion** (entente secrète) 216

côlon n.m. (partie de l'intestin) avec **ô** ≠ **colon** (membre d'une colonie)

combattre v. **combattant** n.m. avec **tt** ≠ **combatif, -ive** adj. **combativité** n.f. avec un seul **t** 198
- au conditionnel : *vous combattriez* 150

combien adv.
- singulier ou pluriel après ~ ? 14
- accord avec ~ 72

comme
- accord du verbe avec ~ 79

commencer v. avec **c/ç** : *commence, commençons* 99

commettre v. conjug. 149
- au conditionnel : *vous commettriez*

comparaître v. avec **î** devant un *t* : *il comparaît* 146

compatir v. sans circonflexe ≠ **pâtir**

complaire (se) v.pron. avec **î** devant un *t* : *il se complaît* 134 et 218
- participe passé invariable : *ils se sont complu à* 65

compléter v. avec **é/è** : *complète, complétons* 104

compréhensible adj. (qu'on peut comprendre) ≠ **compréhensif, -ive** (qui comprend) 216

comprendre v. conjug. 142

compris, -e adj.
- *y compris, non compris* 58

compromettre v. conjug. 149
- au conditionnel : *vous compromettriez*

compte n.m. (calcul) ≠ **conte** (récit) ≠ **comte** (titre de noblesse)
- *se rendre compte* : *Elle s'est rendu compte de son erreur.*

comptine n.f. avec **mpt** (de *compter*)

comte n.m. **comtesse** n.f. avec **mt** ≠ **compte** ou **conte**

concerter (se) v.pron. *Ils se sont concertés.*

concessionnaire n. avec **nn** 73

concevoir v. *je conçois* ; conjug. 121

conclure v. *il conclut, affaire conclue* ; conjug. 153
- au futur : *il conclura* (sans *e*)
- au passé simple : *ils conclurent*

concomitant, -e adj. avec un seul **m**

concurrence n.f. avec **rr**

condamner v. avec **mn** qui se prononce -*n*- 160

condescendant, -e adj. avec **sc** comme dans *descendre*

condisciple n. avec **sc** comme dans *disciple*

condoléances n.f. plur.

conduire v. conjug. 137

cône n.m. avec **ô** qui disparaît dans les mots de la famille

confessionnal n.m. avec **nn** 73
- *des confessionnaux*

confidence n.f. **confidentiel, -elle** adj. avec **tiel**

confondre v. *je confonds, il confond* ; conjug. 141

congrès n.m. avec **ès** 180

conifère n.m. **conique** adj. sans circonflexe ≠ **cône**

conjecture n.f. (supposition) *se perdre en conjectures* ≠ **conjoncture** (situation d'ensemble) 216

conjugal, -e, -aux adj. *des problèmes conjugaux*

conjuguer v. avec **gu**, même devant *a* et *o* : *nous conjuguons* 99
- **conjugaison** n.f. sans *u* après le **g**

connaître v. avec **î** devant un *t* : *il connaît* ; conjug. 146

connexion n.f. avec **x** ≠ du mot anglais *connection*

connoter v. **connotation** n.f. avec **nn**

consonance n.f. avec un seul **n** comme *dissonance* et *résonance* ≠ **consonne**

construire v. conjug. 137

conte n.m. (récit) avec **n** comme dans *raconter* ≠ **compte** ≠ **comte**

contenir v. conjug. 111

content n.m. *avoir son content de* ≠ **comptant** (payer comptant)

contigu, -ë adj. avec un tréma au féminin 186 et 218

continuer v. au futur : *il continuera* ; conjug. 100

contraindre v. *je contrains, il contraint* ; conjug. 143

contrôle n.m. **contrôler** v. avec **ô**

convaincant, -e adj. avec **c** ≠ *convainquant* (participe présent invariable) 86

convaincre v. *je convaincs, il convainc* ; conjug. 154

convenir v. conjug. 111
- se conjugue avec *avoir* en langue courante : *nous avons convenu de* ; avec *être* en langue plus recherchée : *nous sommes convenus de*

convergent, -e adj. avec **gent** ≠ *convergeant* (participe présent invariable) 86

copier v. au futur : *il copiera* 100
- à l'imparfait et au subjonctif : *(que) nous copiions*

cor n.m. *un cor de chasse* ≠ **corps**
- à cor et à cri

corail n.m. *un corail, des coraux* 20
- adjectif de couleur invariable : *des pulls corail* 36

corolle n.f. avec un seul **r** et **ll** 174

correspondre v. [à, avec] *je corresponds, il correspond* ; conjug. 141
- participe passé invariable 56

cote n.f. (niveau) sans circonflexe ≠ **côte** avec **ô** (os, pente ou rivage)

côté n.m. avec **ô**
- *de tout côté* ou *de tous côtés*

coteau n.m. sans circonflexe

coudre v. *je couds, il coud* ; conjug. 145

couleur n.f. *des crayons de couleur* ; *des photos couleur* 41
- accord des adjectifs de ~ 35-38

coup n.m. *des coups de pied* ; *un coup de ciseaux* ; *un coup de dés*
- On écrit sans trait d'union *tout à coup*.

cour n.f. (espace) ≠ **cours** (d'eau) ≠ **court** (de tennis)

courir v. avec un seul **r**
- conjug. 114
- au futur : *il courra*
- accord du participe passé 61

cours n.m. avec un **s** : *un cours d'eau* ; *avoir cours* ≠ **cour** ≠ **court**

1. court n.m. avec **t** : *des courts de tennis*

2. court, -e adj. **court** adv. *des cheveux coupés court* 32

court-circuit n.m. *des courts-circuits*

coût n.m. **coûter** v. avec **û**
- accord du participe 61

craindre v. *je crains, il craint* ; conjug. 143

crâne n.m. avec **â**

créer v. conjug. 100
- au futur : *il créera*
- au participe passé féminin : *créée*

crème n.f.
- adjectif de couleur invariable : *des gants crème* 36

créneau n.m. avec **é**

crêpe n.m. et n.f. avec **ê**

crépu, -e adj. avec **é** : *des cheveux crépus*

crier v. conjug. 100
- au futur : *il criera*
- à l'imparfait : *nous criions*

cristal n.m. *un cristal, des cristaux*

croasser v. *Le corbeau croasse.* ≠ **coasser** (pour la grenouille)

croire v. conjug. 135
- accord du participe passé 62

croître v. conjug. 148
- *crû, crue, crus, crues*

cru n.m. sans circonflexe : *un cru du Beaujolais* ≠ *crû* (du verbe *croître*)

crue n.f. sans circonflexe : *des fleuves en crue*

crûment adv. avec **û**

cueillir v. avec **ueil** 163
- conjug. 119
- à l'impératif : *cueille, cueilles-en* 94
- accord du participe passé avec *en* 62

cuillère ou **cuiller** n.f.

cuire v. conjug. 137

culte n.m. *des films(-)cultes* 41

cultuel, -elle adj. (relatif à un culte) *des édifices cultuels* ≠ **culturel** (de la culture) 216

cyprès n.m. (arbre) avec **ès** 180

D

d'abord en deux mots

daim n.m. avec **aim** comme *faim* et *essaim*

damner v. avec **mn** qui se prononce *-n-* 160

date n.f. (moment) ≠ **datte** (fruit)

d'aucuns 42

davantage adv. en un mot

dé- ou **des-** ? 201

debout adv. *Ils sont debout.*

deçà adv. avec **à**

décade n.f. (période de dix jours) ≠ **décennie** (dix ans)

décès n.m. avec **ès** 180

décevoir v. conjug. 121

de-ci de-là loc.adv.

décidément adv.

découler [de] v. participe passé invariable

décroître v. conjug. 148

décrue n.f. sans circonflexe

dédire (se) v.pron. se conjugue comme *dire*, sauf : *vous vous dédisez* 137

défaillir v. se conjugue comme *cueillir*, sauf au futur et au conditionnel : *il défaillira(it)* 119

défaire v. *vous défaites* et non *défaisez* ; conjug. 132

défendre v. *je défends, il défend* 141
- *Elle s'est défendue contre* 64
- *Elle s'est défendu de* 65

déflagration n.f. Avec **fla** et non *fra* 177

dégât n.m. avec **â**

dégingandé, -e adj. (grand et maigre) ; le premier **g** se prononce *-j-*

dégoûter v. avec **û** comme dans *goût*

dégoutter v. avec **tt** comme dans *goutte*

dégrafer v. avec **f** comme dans *agrafe*

déjà adv. avec **à**

déjeuner v. et n.m. sans circonflexe ≠ **jeûner**

delà
- au-delà et par-delà avec des traits d'union

délacer v. (défaire les lacets) ≠ **délasser** (reposer)

délai n.m. sans *s* au singulier ≠ **relais**

délasser v. (reposer ; de *las, lasse*) ≠ **délacer** (défaire les lacets)

demander v.
- à l'impératif : *demande du pain, demandes-en* 94
- *Elle s'est demandé si…* 65

d'emblée adv. en deux mots 2

demi-, et demi 32

dénoter v. avec un seul **n** ≠ **connoter**

dénouement n.m. avec **e** muet 159

dénuement n.m. avec **e** muet 159

départir (se) v.pron. conjug. 109
- *Elle ne s'est pas départie de…*

dépens n.m.plur. avec **ens**, comme dans *dépenser*

déplaire v. avec î devant *t* 218
- conjug. 134
- participe invariable 65

dépôt n.m. avec **ô**

déroger v. [à] avec **e** devant *a* et *o* ; conjug. 99

dès prép. avec **è**

dés- 201

désappointé, -e adj. avec **pp**

désarroi n.m. avec **rr**

descendre v. conjug. 141

désespérer v. avec **é/è** ; conjug. 104

desiderata n.m.plur. mot latin : *des desiderata*

design n.m. mot anglais sans accent
- invariable comme adjectif : *des meubles design*

dessaisir v. avec **ss** comme *ressaisir*

dessaler v. avec **ss** ≠ **resaler**

dessein n.m. (but) ≠ **dessin** (croquis) 214

desserrer v. avec **ss** comme dans *resserrer*

desservir v. avec **ss** comme dans *resservir*

dessin n.m. (croquis) ≠ **dessein** (but) 214

dessous
- en dessous, sans trait d'union
- au-dessous, ci-dessous, là-dessous, par-dessous avec un trait d'union 187

dessus
- au-dessus, ci-dessus, là-dessus, par-dessus avec un trait d'union 187

détoner v. (exploser) avec un seul **n** ≠ **détonner** (manquer d'harmonie)

détruire v. conjug. 137

devant :
- au-devant, par-devant avec un trait d'union 187

devenir v. conjug. 111
- *Marie est devenue avocate.*

devoir v. conjug. 122
- accord du participe 62

diagnostic n.m. *un diagnostic* ≠ **diagnostique** adj. *des signes diagnostiques*

différend n.m. (désaccord) ≠ **différent** (pas pareil) 214

difforme adj. avec **ff**

digérer v. avec **é/è** : *digère, digérons* 104

digression n.f. sans *s* avant le *g*

dilemme n.m. avec **mm** 177

dire v. se conjugue comme *conduire*, sauf *vous dites*, ainsi qu'au passé simple et au subjonctif imparfait 137
- accord du participe passé :
  – *la chose que j'ai dite* 59
  – *la chose que je lui ai dit de faire* 62
  – *elle s'est dit que* 65
  – *elle s'est dite désolée* 64

dirigeant, -e adj. et n. avec **ea**

dis- ou **dys-** 202

disgrâce n.f. avec **â** comme dans *grâce*
- **disgracieux, -ieuse** adj. sans circonflexe, comme dans *gracieux*

disparaître v. avec î devant un *t* ; conjug. 146

dissonant, -e adj. avec un seul **n**

dissoudre v. se conjugue comme *résoudre*, sauf au participe passé : *dissous, dissout* 144

dissymétrie n.f. (défaut de symétrie) avec **ss** ≠ **asymétrie** avec **s**

distinct, -e adj. avec **ct** qui ne se prononce pas au masculin

distraire v. conjug. 133

dithyrambique adj. avec **thy**

divergent, -e adj. avec **gent** :
des opinions divergentes ≠ divergeant
(participe présent invariable) 199

dizaine n.f.
- accord avec une dizaine de 72

doigt n.m. avec **gt**

dôme n.m. avec **ô**

donation n.f. avec un seul **n** ≠ **donner**

donner v.
- à l'impératif : *donne les cartes, donnes-en deux* 94
- accord du participe passé :
- *les choses qu'on a données*
- *celles qu'on a donné à faire*
- *elle s'est donné de la peine*
- *elle s'est donnée à son travail* 59-66
- *étant donné…* 58

douceâtre adj. avec **eâ**

douter v. [de] participe passé invariable :
des faits dont ils ont douté 56
- se douter de, que participe passé variable : *elle s'est doutée que, elle s'est doutée* 63

doux-amer, douce-amère adj.
des fruits doux-amers, des paroles douces-amères 34

douzaine n.f.
- accord avec une douzaine de 72

drap-housse n.m. *des draps-housses*

dû, due adj. avec **û** au seul masculin singulier : *le loyer dû, les loyers dus*

duché n.m. sans circonflexe

dûment adv. avec **û**. *Il a été dûment informé de ses droits.*

duplicata n.m. avec ou sans **s** au pluriel : *des duplicata(s)* 25

durer v. participe invariable 61

dys- 202

dysfonctionnement n.m. avec **y**

E

e muet 159

échalote n.f. avec un seul **t** 176

échanger v. avec **e** devant *a* et *o* :
il échangeait, nous échangeons 99
- *ils se sont échangé des images ;*
les images qu'ils se sont échangées 66

échappatoire n.f. *une échappatoire* 8

écho n.m. (son) ≠ **écot** (quote-part)

échouer v. au futur et au conditionnel :
il échouera(it) 100

éclair n.m. *des voyages éclair(s)*

écœurer v. avec **œ** comme dans *cœur*

écot n.m. (quote-part) *payer son écot*
≠ **écho** (son)

écouter v.
- à l'impératif : *écoute ce disque, écoutes-en d'autres* 94
- *je les ai écoutés chanter* 68

écran n.m. *des sociétés-écrans*

écrier (s') v.pron. *Elle s'est écriée…* 63

écrire v. conjug. 139
- accord du participe passé :
- *la lettre que j'ai écrite* 59
- *elles s'est écrit une lettre ; la lettre qu'elle s'est écrite* 66

écritoire n.f. *une écritoire* 8

écueil n.m. avec **ueil** 163

effacer v. avec **ç** devant *a* et *o* :
il effaçait, nous effaçons 99

effectuer v. au futur et au conditionnel :
il effectuera(it) 100

effleurer v. (toucher à peine)
≠ **affleurer** (apparaître à la surface) 216

effluve n.m. *des effluves enivrants*

effraction n.f. *entrer par effraction*
≠ **infraction** (manquement à une loi) 216

effrayer v. avec **y** ou **i** : *il m'effraie* ou *effraye* ; conjug. 105

égal, -e, -aux adj. et n.
- à l'égal de, d'égal à égal, n'avoir d'égal que, sans égal : accord 83

égaler v. *3 plus 3 égale 6*

égoïste adj. et n. avec **ï**

égout n.m. sans circonflexe

égoutter v. **égouttoir** n.m. avec **tt** comme dans *goutte*

eh interj. *Eh bien !*

élever v. avec **e/è** : *nous élevons, ils élèvent* ; conjug. 102

élire v. conjug. 138
- au passé simple : *ils élurent* et non *élirent*

élision
- apostrophe et élision 188-189

élocution n.f. (manière de prononcer) ≠ **allocution** (discours) 216

émail n.m. *des émails* ou *des émaux*

emblée (d') adv.

emblème n.m. avec **è**

emboîter v. avec **î** comme dans *boîte*

embonpoint n.m. avec **m** devant *b* mais avec **n** devant *p*

émettre v. conjug. 149
- au conditionnel : *vous émettriez*

émeu n.m. *des émeus* 20

émigrer v. (quitter son pays) ≠ **immigrer** (s'installer dans un pays) 216

éminent, -e adj. (remarquable) ≠ **imminent** (sur le point d'arriver) 216

émouvoir v. conjug. 125

emparer (s') v.pron. *Ils se sont emparés de la ville.* 63

employer v. avec **i** devant *e* muet : *il emploie, il emploiera* 106

empreint, -e adj. **empreinte** avec **ein**
- *le visage empreint de douleur* (marqué par) ≠ **emprunt** n.m. (de *emprunter*)

empresser (s') v.pron. *Elle s'est empressée de…* 63

en pron.
- avec un trait d'union après un verbe à l'impératif : *prends-en* 187
- accord du participe passé avec ~ 62

encablure n.f. sans circonflexe ≠ **câble**

encens n.m. **encenser** v. avec **c**

encéphale n.m. *un encéphale* 8

-endre ou **-andre** ? 162

enfreindre v. conjug. 143

enfuir (s') v.pron. conjug. 117
- *Elle s'est enfuie.* 63

enlever v. avec **e/è** : *nous enlevons, ils enlèvent* 102

ennoblir v. se prononce *en-noblir* : *Le courage ennoblit.* ≠ **anoblir** (donner un titre de noblesse) 216

ennuyer v. avec **i** devant un *e* muet : *il s'ennuiera* 106

ensemble adv. est invariable : *Restons ensemble.*

entendre v. conjug. 141
- accord du participe *entendu* suivi de l'infinitif 68-69

entier, -ière adj.
- tout entier 46

entrefaites (sur ces) n.f.plur. sans circonflexe

entremets n.m. avec **ts** comme dans *mets*

entrepôt n.m. avec **ô**

envi (à l') loc.adv. (à qui mieux mieux) sans *e* ≠ **envie** n.f. (désir)

environ adv. (à peu près) sans *s*, invariable : *Cela coûte environ 50 euros.* ≠ **environs** n.masc.plur. (parages)

envoyer v. conjug. 107
- *Ils se sont envoyé des lettres ; les lettres qu'ils se sont envoyées* 66

épeler v. avec l/ll : *nous épelons, ils épellent* 103

épithète n.f. *une épithète* 8

épître n.f. (lettre) avec î

épouvantail n.m. *des épouvantails*

équivalent, -e adj. et n.m. avec **ent**
≠ *équivalant* (participe présent invariable) 199

équivaloir v. conjug. 129

ermite n.m. sans *h* : *vivre en ermite*

erratum n.m. *un erratum, des errata* 25

éruption n.f. *un volcan en éruption*
≠ **irruption** (entrée brutale) 216

escient (à bon, à mauvais) avec **sc** comme dans *science*

espérer v. avec é/è : *nous espérons, ils espèrent* 104

essaim n.m. avec **aim**, comme dans *faim* et *daim*

essayer v. avec **y** ou **i** : *il essaie* ou *essaye* ; conjug. 105

essouffler v. avec **ff** comme dans *souffle*

essuie-glace n.m. *des essuie-glaces*

essuie-mains n.m.inv. *des essuie-mains*

essuyer v. avec y/i : *nous essuyons, ils essuient* ; conjug. 106

est n.m. 192

est-ce que avec un seul trait d'union

étal n.m. *les étals du marché* 20

étale adj. avec **e**. *L'océan est étale.*

étant donné : *étant donné les circonstances* 58

etc. 177

éteindre v. *j'éteins, il éteint* ; conjug. 143

étendre v. *j'étends, il étend* ; conjug. 141

éthique adj. et n.f. (moral) avec **h**
≠ **étique** (très maigre)

étinceler v. avec l/ll : *il étincelait, ils étincellent* 103

étique adj. (maigre) ≠ **éthique** (moral)

être v. conjug. 97
- accord du participe passé avec ~ 57

étymologie n.f. sans *h*

-euil ou **-ueil** ? 163

eut ou **eût** ? 182

événement ou **évènement** n.m. 181

évidemment adv. 205

ex æquo ou **ex aequo** inv.
Ils sont ex aequo.

excepté : *excepté ma sœur*, mais : *ma sœur exceptée* 58

excès n.m. avec **è** : *un excès de vitesse*
≠ **accès** (poussée subite)

exclure v. conjug. 153
- au passé simple : *ils exclurent* et non ~~excluèrent~~
- au futur : *il exclura* (sans *e*)

exempt, -e adj. **exempter** v.

exhaler v. avec **h** comme dans *inhaler* et *haleine*

exhumer v. avec **h** comme *inhumer*

exiger v. avec **e** devant *a* ou *o* : *exigeant, exigeons* 99
- **exigeant, -e** adj. avec **eant**
- **exigence** n.f. avec **en**

exigu, -ë adj. avec un tréma au féminin 186 et 218
- **exiguïté** n.f.

exorbité, -e adj. sans *h* : *les yeux exorbités* (sortis de leur *orbite*)

expansion n.f. (développement, progrès)
≠ **extension** (du verbe *étendre*) 216

1. exprès adv. sans prononcer le *s* :
Il l'a fait exprès.

2. exprès, expresse adj. en prononçant le *s* : *un ordre exprès* (formel, absolu) ; *une défense expresse* ≠ **express** (rapide)

express adj. et n.m. *une voie express* (rapide)

extension n.f. *des mouvements d'extension* ≠ **expansion** (progrès) 216

1. extra n.m. *faire des extras*

2. extra adj.inv. *des fruits extra* 82

extraire v. conjug. 133

extrême adj. avec **ê**
- **extrémité** n.f. avec **é**

F

faction n.f. (groupe ou garde) *des hommes en faction* ≠ **fraction** (division, partie) 216

faillir v. *j'ai failli tomb(er)* (toujours suivi de l'infinitif)

faim n.f. avec **aim** comme dans *daim* et *essaim*

faire v. conjug. 132
- *(vous) faites* sans circonflexe
- *la robe qu'elle s'est faite* 66
- *la robe qu'elle s'est fait faire* 70
- *à faire* ou *affaire* ? 215

faire-part n.m.inv. *des faire-part*

faisable adj. avec **ai** qu'on prononce *-e-*

faisan n.m. avec **ai** qu'on prononce *-e-*

fait n.m.
- *fait divers* sans trait d'union : *des faits divers*
- *tout à fait* est invariable et s'écrit sans traits d'union

faîte n.m. avec **î** (sommet) *le faîte d'un arbre* ≠ *faites* (de *faire*)

falloir v. impersonnel conjug. 130
- *il faut mang(er)* (toujours suivi de l'infinitif)
- *il faut que j'(aie), qu'il (ait)* (toujours suivi du subjonctif)

familles de mots 197-199

fantaisie n.f. *des bijoux fantaisie* 41

fantôme n.m. avec **ô**
- **fantomatique** adj. sans circonflexe

faon n.m. avec **aon** prononcé *-an-* comme dans *paon* et *taon*

fatal, -e adj. *Ces événements lui furent fatals.* 20

fatigant, -e adj. sans *u* : *un travail fatigant* ≠ *en se fatiguant* (participe présent invariable) 85

fatiguer v. avec **gu**, même devant *a* et *o* : *il fatiguait, nous fatiguons* 99

faute n.f.
- *sans faute* ou *sans fautes* ? 18

favori, -ite adj. sans *t* au masculin

féerie n.f. **féerique** adj. avec un seul **é** comme dans *fée*

feindre v. conjug. 143

féminin
- masculin ou féminin ? 8
- le féminin des noms et des adjectifs 9
- le féminin des noms de métiers 11

femme n.f. avec un **e** qu'on prononce *-a-*

ferré, -e adj.
- **ferroviaire** adj. avec **rr**

festival n.m. *des festivals* 20

fête n.f. avec **ê**

fétiche n.m. *des nombres fétiches* 41

1. feu n.m. *des feux*

2. feu, -e adj. (décédé) invariable avant l'article : *feu la reine* ; variable après : *la feue reine*
- pluriel : *feus, feues*

feuilleter v. avec **t/tt** : *feuillette, feuilletons* ; conjug. 103

film n.m. *des films(-)catastrophe* ; *des films(-)cultes* 41

filtre n.m. (pour filtrer) ≠ **philtre** (boisson magique) 216

fin, fine adj.
- est invariable comme adverbe : *Elle est **fin** prête, ils sont **fin** prêts.*

final, -e adj. au masculin pluriel : *finals* ou quelquefois *finaux*

finale n.f. et n.m. *la finale d'un match* ; *le finale d'une symphonie*

finir v. conjug. 109
- *fini* ou *finies les vacances !* 58

flamant n.m. (oiseau) avec un **t** ≠ **flamand** (de *Flandre*)

flambant neuf : *une robe flambant neuve* 83

flèche n.f. avec **è**

flot n.m. sans circonflexe

flou, -e adj. *des textes flous*

fluo adj.inv. *des couleurs fluo* 32

flûte n.f. avec **û**

foi n.f. (confiance, croyance) sans **e** : *la foi* ≠ **foie** n.m. (organe) avec **e** : *le foie*

fois n.f. avec **s** : *une, deux, trois fois*

fomenter v. bien dire *-fo-* (et non *-fro-*) : *fomenter une révolte* 177

foncé, -e adj. *des cheveux foncés* ; *des cheveux brun foncé* 37

fonctionnaire n. avec **nn**

fond n.m. sans **s** au singulier : *un bon fond* ; *du ski de fond* ; *des livres de fond* ≠ **fonds** (capital)

fondre v. conjug. 141

fonds n.m. avec **s** au singulier : *un fonds de commerce, un fonds de garantie* ≠ **fond**

fonts n.m.plur. avec un **t** comme dans *fontaine* : *les fonts baptismaux* ≠ **fonds**

for n.m. *dans mon for intérieur* ≠ **fort** (fortification)

forêt n.f. (bois) avec **ê** ≠ **foret** n.m. (outil)

fort, -e adj.
- est invariable comme adverbe : *Elle est **fort** désagréable.*
- **se faire fort de** : *Elle se fait **fort** de...*

fou, folle adj. 000
- **fol** devant un nom masculin singulier commençant par une voyelle ou un **h** muet : *un fol amour*

foule n.f.
- accord avec *une foule de* 71

fouler v. *Elle s'est foulé la cheville. Quelle cheville s'est-il foulée ?* 66

fourmi n.f. sans **e**
- **fourmilière** n.f. avec un seul **l** ; on prononce comme dans *lierre*

fraction
- accord avec une ~ 72

frais, fraîche adj. avec **î** au féminin et dans tous les mots de la famille : *fraîcheur, fraîchir*, etc.
- employé comme adverbe, *frais* est invariable
- *frais émoulu* s'accorde : *des jeunes filles **fraîches** émoul**ues** d'HEC*

framboise n.f.
- est invariable comme adjectif de couleur 36

français, -e adj. et n. avec ou sans majuscule ? 191 et 193

froid, -e adj.
- est invariable comme adverbe 32

frugal, -e, -aux adj. *des repas frugaux* 20

fruste adj. (grossier, sans culture) avec **ste** ≠ **rustre** ou *il frustre* (du verbe *frustrer*) 177

frustrer v. avec **str**(e). *Cela le frustre d'une partie de son héritage.* ≠ **fruste** adj.

fuir v. conjug. 117

funérailles n.f. plur.

fut ou **fût** ? 182

futur 92

G

gageure n.f. se prononce avec *-ure* (et non *-eur*)

gagner v.
- à l'indicatif imparfait et au subjonctif : *(que) nous gagnions* 101

gaiement adv. **gaieté** n.f. avec un **e** muet

gamme n.f.
- bas de gamme, haut de gamme sont invariables : *des articles haut de gamme*

gâteau n.m. avec **â**

gâter v. avec **â**

gâteux, -euse adj. et n. avec **â** comme dans *gâter*

gaz n.m. sans **e** : *chauffage au gaz* ≠ **gaze** n.f. (tissu léger)

geai n.m. (oiseau) *des geais* ≠ **jais** n.m. (minerai noir)

gène n.m. **génétique** adj. et n.f. ≠ **gêne** n.f.

gêne n.f. **gênant, -e** adj. **gêner** v. avec **ê** ≠ **gène** n.m.

générer v. avec **é/è** : *nous générons, ils génèrent* ; conjug. 104

genèse n.f. sans accent sur le premier *e*

génome n.m. sans circonflexe

genou n.m. *les genoux*

genre
- le genre des noms 4-8

gens n.m.plur.
- masculin ou quelquefois féminin 7

gentiment adv. 206

gentilhomme n.m. *des gentilshommes*

gérer v. avec **é/è** : *nous gérons, ils gèrent* ; conjug. 104

gériatre n. sans circonflexe 184

gifle n.f. **gifler** v. avec un seul **f**

girolle n.f. avec **ll**

gîte n.m. avec **î**

glaciaire adj. *l'ère glaciaire* ≠ **glacière** n.f. 214

glacial, -e adj. au masculin pluriel : *glacials* ou *glaciaux* 20

glacière n.f. *Le vin est dans une glacière.* ≠ **glaciaire** adj. 214

glu n.f. (colle) nom féminin sans *e* 169

goitre n.m. sans circonflexe

golf n.m. (sport) ≠ **golfe** (baie) 214

gorgée n.f. avec **ée**

gouffre n.m. avec **ff**

goulu, -e adj. et n.

goût n.m. avec **û** comme dans tous les mots de la famille : *dégoût, dégoûter, ragoût, ragoûtant*

goûter v. et n.m. avec **û** ≠ **goutter** v. (tomber goutte à goutte)

goutter v. **gouttière** n.f. avec **tt** comme dans *goutte*

gouvernail n.m. *des gouvernails*

grâce n.f. avec **â**
- **gracieux, -euse** adj. **gracieusement** adv. **gracier** v. sans circonflexe 198

graffiti n.m. *des graffitis*

grand, -e adj. et n.
- est invariable comme adverbe : *Ouvrez grand les yeux, la bouche.*
- grand ouvert ; grand-rue, grand-messe avec un trait d'union

grand-chose (pas) pron. indéfini avec un trait d'union

grandeur n.f. *des photos grandeur nature*

gré n.m.sing.
- bon gré mal gré en deux mots
- savoir gré : *Je vous sais, je vous saurai gré de bien vouloir…* Il s'agit du verbe *savoir* et non du verbe *être*. On ne dit pas : *Je vous serai gré…*

grêle n.f. **grêler** v. **grêlon** n.m. avec **ê**

grelotter v. avec **tt** 176

grenat n.m. (pierre fine) *des grenats*
- est invariable comme adjectif de couleur : *des robes (rouge) grenat* 36

griffe n.f. avec **ff** comme dans tous les mots de la famille

gril n.m. (ustensile) ≠ **grill** (restaurant) 214

grincer v. avec **ç** devant *a* et *o* : *il grinçait, nous grinçons* 99

grippe n.f. avec **pp**

gris, -e adj. *des toiles grises*, mais *des toiles gris foncé* 37

grisâtre adj. avec **â** 184

groseille n.f. *de la confiture de groseille(s)* 40

groseillier n.m. avec **ier** 164

grosso modo loc.adv. en deux mots

guet n.m. sans circonflexe

guet-apens n.m. *des guets-apens* (le *s* de *guets* ne se prononce pas)

H

habileté n.f. avec **eté**

habilité, -e adj. avec **ité** : *être habilité à*

habitants (noms d') 193

habituer v. *il s'habituera* 100

hache n.f. sans circonflexe et avec **h** aspiré, comme dans tous les mots de la famille : *des | haches*, sans liaison

haie n.f. avec **h** aspiré : *des | haies*, sans liaison

haillon n.m. (guenille) ≠ **hayon** (porte arrière) 214
- avec **h** aspiré, sans liaison : *en | haillons*

haïr v. conjug. 110
- avec **h** aspiré, sans liaison : *nous | haïssons*

hâle n.m. **hâlé, -e** adj. avec **â** et **h** aspiré, sans liaison : *ils sont | halés*

haltère n.m. *un haltère* 8

hamster n.m. avec **h** aspiré, sans liaison : *des | hamsters*

hanche n.f. avec **h** aspiré, sans liaison : *des | hanches*

handicap n.m. **handicapé, -e** adj. et n. avec **h** aspiré, sans liaison : *des | handicapés moteurs*

harceler v. avec **e/è** et un **h** aspiré : *nous le harcelons, ils me harcèlent* 102
- **harcèlement** n.m. avec **è** et un seul **l**

haricot n.m. avec **h** aspiré, sans liaison : *des | haricots*

hasard n.m. avec **h** aspiré, sans liaison : *un | hasard ; les | hasards de la vie*

hâte n.f. avec **â** et **h** aspiré, sans liaison, comme dans tous les mots de la famille : *en | hâte*

haut, haute adj. avec **h** aspiré
- est invariable comme adverbe : *Ils sont haut perchés.* 32
- **haut de gamme** est invariable : *des produits haut de gamme*

haut-parleur n.m. avec **h** aspiré : *des | haut-parleurs*

havre n.m. avec **h** aspiré et sans circonflexe : *un | havre de paix*

hayon n.m. (porte arrière d'un véhicule) ≠ **haillon** (guenille) 214
- avec **h** aspiré et sans liaison : *un | hayon*

hémorragie n.f. sans *h* après **rr**

héros n.m. **héroïne** n.f. avec **h** aspiré et sans liaison au masculin : *le héros, les | héros*
- avec un **h** muet au féminin : *l'héroïne, les [-z-] héroïnes*

hésiter v. participe passé invariable

hibou n.m. avec **h** aspiré et sans liaison : *un | hibou*
- au pluriel : *les hibou**x*** 20

hippique adj. sans *y*

hipp(o)- (cheval) ≠ **hypo-** (en dessous)

hippocampe n.m. **hippodrome** n.m. **hippopotame** n.m sans *y*

homonymes
- homonymes grammaticaux 213
- homonymes lexicaux 214

honnête adj. avec **ê**, comme dans les mots de la famille

hôpital n.m. avec **ô** : *des hôpitaux*

horizontal, -e, -aux adj.
- à l'horizontale est au féminin

hormis prép. avec **s** ≠ **parmi**

hôte n. **hôtesse** n.f. avec **ô**

hôtel n.m. avec **ô**

huit adj. numéral invariable

huître n.f. avec **î**

hydr(o)- (eau) avec **y** 207

hydrater v.

hyper- 207

hypnose n.f. sans circonflexe

hypo- (en dessous) avec **y** ≠ **hippo-** (cheval) avec **pp** 207

I

icône n.f. avec un accent circonflexe qui disparaît dans les mots de la famille : *iconoclaste, iconographie*

idéal, -e adj. et n.m. au masculin pluriel : *idéa**ux*** ou *idéa**ls***

idylle n.f. **idyllique** adj. avec **dy**

ignare adj. avec **e** et sans *d* : *Il, elle est ignare.*

il-, im-, in-, ir- préfixes 203

île n.f. avec ou sans majuscule dans les noms géographiques ? 191

-illier ou **-iller** ? 164

îlot n.m. avec **î** comme dans *île*

imaginer v.
- *Elle s'est imaginé une histoire* ; *l'histoire qu'elle s'est imaginée* 66

imbécile adj. et n. avec un seul **l** ≠ **imbécillité** n.f. avec **ll** 198 et 220

immanent, -e adj. *la justice immanente* (qui résulte du cours naturel des choses) ≠ **imminent** (sur le point de se produire) 216

immigrer v. (s'installer dans un nouveau pays) ≠ **émigrer** (quitter son pays) 216

imminent, -e adj. *La révolte est imminente* (très proche). ≠ **éminent** (important)

immiscer (s') v.pron. avec **ç** devant *a* ou *o* : *il s'immisçait, nous nous immisçons* ; conjug. 99

immoral, -e, -aux adj. (contraire à la morale) ≠ **amoral** (sans morale)

impeccable adj. avec **cc**

impératif
- avec **e** ou avec **s** ? 94
- trait d'union et pronom 187

importer v.
- qu'importe, peu importe sont invariables

imposteur n.m. *Cette femme est un imposteur.*

impôt n.m. avec **ô**

imprésario n.m. *des imprésarios*

in- 203

incidemment adv. avec **emm** 205

inclure v. se conjugue comme *conclure*, sauf au participe passé : *inclus, -e* 153
- au futur : *il inclura* et non *~~incluera~~*
- au passé simple : *ils inclurent* et non *~~incluèrent~~*.

incognito adv. invariable : *Ils sont venus incognito*.

indemne adj. on prononce le *m* et le *n* 177

indigo n.m. est invariable comme adjectif de couleur : *des rubans indigo* 36

indu, -e adj. sans circonflexe : *à une heure indue de la nuit*
- **indûment** adv. avec **û**

induire v. conjug. 137
- *On les a induits en erreur.* ≠ **enduire** (d'un enduit)

inénarrable adj. avec **rr** comme dans *narrer*

infâme adj. avec un circonflexe qui disparaît dans les mots de la famille : *infamant, infamie*

infarctus n.m. bien dire *-far-* et non *-fra-* 177

infinitif
- accord du participe passé suivi d'un infinitif 67-70
- infinitif ou participe passé ? 91

infraction n.f. *une infraction au code de la route* ≠ **effraction** (fait de forcer un accès) 216

inhaler v. avec **h** comme dans *haleine*

inhumer v. avec **h** comme dans *humus* (sol, terre)

ingénier (s') v.pron. *Ils se sont ingéniés à trouver un compromis.* 100

ingénieur n.m. au féminin : ***une* ingénieur(e)** 12

inonder v. **inondation** n.f. avec un seul **n**

inquiéter v. avec **é/è** : *nous inquiétons, ils inquiètent* ; conjug. 104
- sans *s* à l'impératif : *Ne t'inquiète pas.* 94

inscrire v. se conjugue comme *écrire* 139

insensé, -e adj. avec **en** comme dans *sens*

instruire v. conjug. 137

insu, à l'insu de sans *e*

insuffler v. avec **ff** comme dans *souffle*

insurger (s') v.pron. avec **e** devant *a* et *o* : *il s'insurgeait, nous nous insurgeons* ; conjug. 99
- *Elle s'est insurgée contre cette mesure.* 63

intégrer v. avec **é/è** : *nous intégrons, ils intègrent* ; conjug. 104

intention n.f.
- à l'intention de : *un ouvrage à l'intention des jeunes* (pour les jeunes) ≠ à l'attention de (sur un courrier) 216

interdire v. se conjugue comme *dire*, sauf : *vous interdisez* 137

intérêt n.m. avec un accent circonflexe qui disparaît dans les mots de la famille : *intéresser, intéressant*
- *un film sans intérêt*, mais *un prêt sans intérêts* 17

interface n.f. *une interface* 8

interligne n.m. *un interligne* 8

interpeller v. avec **ll**, mais on prononce comme dans *appeler* 220

interpréter v. avec **é/è** : *nous interprétons, ils interprètent* ; conjug. 104

interroger v. avec **e** devant *a* et *o* : *il interrogea, nous interrogeons* 99
- *Elle s'est interrogée sur ce cas.* 64

interrompre v. *j'interromps, il interrompt* ; conjug. 141

intervalle n.m. avec **ll**
- *par intervalles* 16

interview n.f. ou n.m. est aujourd'hui plutôt du féminin sur le modèle de *entrevue*

intrigant, -e adj. et n. sans *u* : *des intrigants* ≠ *intriguant* (participe présent invariable de *intriguer*) 199

introniser v. sans circonflexe ≠ **trône** n.m.

intrus, -e n. avec **s** qu'on retrouve dans *intrusion* 161

invariable
- mots ~s 1-3
- participe passé ~ 56

inventer v. *Elle s'est inventé des histoires ; les histoires qu'elle s'est inventées* 66

invoquer v. (Dieu, la loi…) ≠ **évoquer** (des souvenirs) 216

invraisemblable adj. avec un seul **s** comme dans *vraisemblable*

ir- 203

irascible adj. avec un seul **r** et **sc** (vient de *ire*, colère)

irriter v. avec **rr**

irruption n.f. (entrée brutale) *Ils ont fait irruption dans la salle.* ≠ **éruption** (poussée) 216

isthme n.m. avec **sth** : *l'isthme de Corinthe*

J

jais n.m. (minerai noir) ≠ **geai** (oiseau) 214

jaunâtre adj. avec **â** 184

jaune adj. *des robes jaunes*, mais *des robes jaune clair, jaune citron* 37

jeter v. avec **t/tt** : *nous jetons, ils jettent* ; conjug. 103

jeu n.m. *des jeux de société*
- *vieux jeu* est invariable : *Ils sont vieux jeu.*

jeudi n.m. *les jeudis matin* 80

jeun (à) sans circonflexe ≠ **jeûner** v.

jeune adj. et n.
- est invariable comme adverbe : *Ils s'habillent jeune.*

jeûne n.m. **jeûner** v. avec **û** ≠ **déjeuner** v. et n.m. 198

joaillier, -ière n. avec **ier** 164 et 220

joindre v. conjug. 143
- à l'imparfait et au subjonctif : *(que) nous joignions*

joliment adv. 206

jouer v. au futur et au conditionnel : *il jouera(it)* ; conjug. 100

joufflu, -e adj. avec **ff**

joug n.m. avec **g** : *sous le joug de*

joujou n.m. *des joujoux* 20

jour n.m.
- les noms de jours 80
- **mettre à jour** (des données) ≠ **mettre au jour** (des objets archéologiques)

journal n.m. *un journal, des journaux*

joyau n.m. *les joyaux de la Couronne*

juge n.m. ou f. *le* ou *la juge* 11

jugeote n.f. avec un seul **t** 176

juger v. avec **e** devant *a* et *o* : *il jugeait, nous jugeons* ; conjug. 99

junior n. et adj. *des ingénieurs juniors* (débutants)

jurer v. *Elle s'est juré que…*

jusque ou **jusqu'** prép.
- *J'irai jusque chez toi. Jusque quand ? Jusqu'à ce que…* 189

juste adj. est invariable comme adverbe : *Il est deux heures juste.*

justifier v. conjug. 100
- à l'imparfait et au subjonctif présent : *(que) nous justifiions*
- au futur et au conditionnel : *il justifiera(it)*

juvénile adj. avec **-ile** 170

K

kaki n.m. *des kakis*
- adjectif de couleur invariable : *des vestes kaki* 36

kangourou n.m. *des kangourous*

kilo ou **kilogramme** n.m.
deux kilos : 2 kg (sans s) 209
♦ *Un kilo et demi de pommes sera suffisant.* 73

kilomètre n.m.
cent kilomètres : 100 km (sans s) 209

kinésithérapeute n. avec un seul **h**

kyrielle n.f. avec **y**. *Une kyrielle de gens sont venus.* 71

L

l' pron.
♦ accord avec ~ 75

la ou **là** ? 213

là-bas avec un trait d'union

labyrinthe n.m. le **y** est après le *b*

lacer v. (nouer) ≠ **lasser** (fatiguer)

lâche adj. et n. **lâcheté** n.f. avec **â**

1. lâcher v. avec **â**

2. lâcher n.m. *des lâchers de ballons*

là-dessous, là-dessus adv. avec un trait d'union

là-haut adv. avec un trait d'union ≠ *en haut*

laïc, laïque adj. et n. avec **ï**
♦ au masculin on emploie *laïc* ou *laïque : un établissement laïc, laïque*
♦ au féminin on emploie toujours *laïque : l'école laïque*

laisser v.
♦ accord de *laissé* + infinitif 70 et 221

laisser-aller n.m.inv. avec *laisser* (vient de *se laisser aller*)

laissez-passer n.m.inv. avec *laissez* (vient de *laissez-le passer*)

lamenter (se) v.pron. *Ils se sont lamentés sur leur sort.* 63

lancée n.f. *Ils sont sur leur lancée.*

1. lancer v. avec **ç** devant *a* et *o* : *il lançait, nous lançons* ; conjug. 99

♦ accord du participe passé :
– *les pierres qu'il nous a lancées* 59
– *ils se sont lancé des injures*
– *les injures qu'ils se sont lancées* 66
– *la police s'est lancée à sa poursuite* 63

2. lancer n.m. *des lancers de ballon* 3

landau n.m. *des landaus* 20

langage n.m. sans *u*

la plupart
♦ accord avec ~ 72

laser n.m. *des lasers*
♦ invariable après le nom : *des rayons laser*

legs n.m. avec **s**

leitmotiv n.m. *des leitmotivs*

lésion n.f. *des lésions cutanées* ≠ **liaison** 216

lettre
♦ les lettres et les sons 155-161
♦ les lettres muettes 159-161

leur ou **leurs** ? 43

lever n.m. *des levers de soleil* 3

lézard n.m. avec **d**

liaison n.f. *des liaisons ferroviaires* ≠ **lésion** (blessure) 216

liaison
♦ les erreurs dues aux ~ 178
♦ le -t- de liaison 187

libérer v. avec **é/è** : *nous libérons, ils libèrent* ; conjug. 104

libre-service n.m. *des libres-services* 21

licenciement n.m. avec un **e** muet 159

lichen n.m. avec **ch** qu'on prononce *-k-*

lier v. conjug. 100

1. lieu n.m. (endroit) *les lieux publics*

2. lieu n.m. (poisson) *des lieus* 20

lieu-dit n.m. *des lieux-dits* 21

lieue n.f. (mesure) *à mille lieues de* ≠ **lieu** n.m. (endroit)

ligoter v. avec un seul **t** 176

limite n.f. *des cas limites* 41

lire v. conjug. 138

littéral, -e, -aux adj. *une traduction littérale* (à la lettre, au sens strict des mots) ≠ **littéraire** adj. *un texte littéraire* (de littérature)

littoral n.m. avec **tt**

liturgie n.f. sans *h*

lobby n.m. *des lobbys* ou quelquefois *des lobbies* 24

local n.m. *un local, des locaux*

loger v. avec **e** devant *a* et *o* : *il logeait, nous logeons* ; conjug. 99

loin adv. est invariable : *Ils sont loin.*

lorsque ou **lorsqu'** ? 189

louer v. au futur : *il louera* 100

loup-garou n.m. *des loups-garous*

lourd, -e adj. *Ils sont lourds.*
  • est invariable comme adverbe : *Ils pèsent **lourd**.* 3

loyal, -e, -aux adj. *Ils sont loyaux.*

lu et approuvé
  • invariable en tête de phrase

luire v. se conjugue comme *conduire* sauf au participe passé : *lui* ; conjug. 137

lunch n.m. *des lunchs* 24

lundi n.m. *tous les lundis matin* 80

lycée n.m. avec **ée** 168

lyophilisé, -e adj. avec **y** au début du mot : *du café lyophilisé*

M

mâcher v. **mâchoire** n.f. avec **â**

madame n.f. pluriel : *mesdames*
  • abréviation 212

mademoiselle n.f. pluriel : *mesdemoiselles*
  • abréviation 212

magasin n.m. avec **s** ≠ **magazine** (avec **z**)

maire n.m. et n.f. *le* ou *la maire* 11

maison n.f. *des terrines maison* (faites à la maison) 41

maître, maîtresse n. et adj.
  • *Ils se sont rendu**s** (elles se sont rendu**es**) maîtres de la situation.*
  • *Elle est maître de rester ou de partir.*
  • *Elle est maître ou maîtresse d'elle-même.*

majorité n.f.
  • accord avec *une majorité de* 72

majuscule
  • emploi de la ~ 190-193

malin, maligne adj. et n. féminin avec **-igne** comme *bénin, bénigne*

mamelle n.f. avec un seul **m** ≠ **mammifère** n.m. et **mammaire** adj. avec **mm**

manger v. avec **e** devant *a* et *o* : *il mangeait, nous mangeons* ; conjug. 99

manquer v.
  • Attention à l'accord du participe passé selon le sens :
  – *Ils nous ont manqué**s*** (ils nous ont ratés) 59
  – *Ils nous ont manqué* (on a regretté leur absence) 59

marâtre n.f. avec **â**

marché n.m.
  • bon marché, meilleur marché sont invariables

mardi n.m. *tous les mardis matin* 80

marier v. **mariage** n.m. avec un seul **r**

marraine n.f. avec **rr** comme dans *parrain*

marron n.m. *des marrons glacés*
  • adjectif de couleur invariable : *des yeux marron* 36

marronnier n.m. avec **rr** et **nn**

marsouin n.m. avec **ouin** 165

masculin ou féminin ? 8

martyr, -e n. (personne) sans *e* au masculin : *les martyrs de la guerre*
≠ **martyre** (supplice) : *souffrir le martyre*

match n.m. *des matchs* 24

matin n.m. *tous les matins*
- est invariable après un nom de jour : *tous les lundis matin* 80

maudire v. se conjugue comme *finir* sauf au participe passé : *maudit* : *On les a maudits.* 109

mausolée n.m. avec **ée** comme *musée, lycée…* 168

maximum n.m. et adj. *des prix maximums*

maximal, -e, -aux adj. *des températures maximales*

média n.m. *un média, des médias*

médire v. [de] se conjugue comme *dire*, sauf *vous médisez* 137

méditerranéen, -enne adj. avec **rr** et un seul **n** comme dans *Méditerranée*

méfier (se) v.pron. *Ils se sont méfiés de nous.* 63
- à l'indicatif imparfait et au subjonctif : *(que) nous nous méfiions*
- au futur et au conditionnel : *il se méfiera(it)* 100

mélanger v. avec **e** devant *a* et *o* : *il mélangeait, nous mélangeons* 99

même ou **mêmes** ? 44
- accord avec *de même que* 79

mémento n.m. *des mémentos*

mémoire n.f. et n.m. 7

mener v. avec **e/è** : *nous menons, ils mènent* 102

mentir v. [à] conjug. 112
- *ils se sont menti* (l'un *à* l'autre) 65

méprendre (se) v.pron. conjug. 142
- *Elle s'est méprise sur vos intentions.* 63

mercredi n.m. *les mercredis matin* 80

mère n.f. *des maisons mères*

mesurer v.
- accord du participe passé 61

métal n.m. *un métal, des métaux*

météo n.f. et adj.inv. *des bulletins météo* 82

mets n.m. avec **ts**

mettre v. conjug. 149
- au conditionnel, on dit *vous mettriez* et non *metteriez*
- mis à part est invariable avant le nom : *Mis à part ta sœur, tout le monde est venu.* Et variable après le nom : *Ta sœur mise à part, tout le monde est venu.* 58

midi n.m.
- est masculin : *à midi précis* ; *à midi et demi*
- *tous les midis*, mais : *tous les dimanches midi* (= à midi)
- (sud) avec une minuscule pour la direction : *dans le midi de la France* ; avec une majuscule pour la région : *une maison dans le Midi*

mieux adv. et adj.inv.
- *il vaut mieux* et non *il faut mieux*

milieu n.m. *des milieux*

1. mille adj. numéral
- est invariable : *deux mille euros* ; *gagner des mille et des cents* ; *une vingtaine de mille*

2. mille n.m. (unité de longueur pour la navigation) est variable : *des milles marins*

millier n.m. *Ils arrivaient par milliers.*
- *Un millier de soldats **furent** tués.*
- *Le millier de manifestants qui **a** ou qui **ont** défilé…* 12

million n.m.
- *un million de personnes **ont** été sondées*
- *le million de personnes qui **a** ou qui **ont** manifesté* 72
- *1,25 million d'euros* 73

mini est invariable : *des mini chaînes* 82

ministre n.m. et n.f. *le* ou *la ministre* 11

minutie n.f. **minutieux, -euse** adj. avec **t** qu'on prononce -*s*-

miracle n.m. *des produits miracles* 41

-mn- se prononce -*n*- ou -*mn*- ?
- se prononce -*n*- dans *automne, condamner, damner* et leurs dérivés
- se prononce -*mn*- dans tous les autres mots et en particulier dans *indemne*

mnémotechnique adj. avec **mn** comme dans *amnésie*

modèle n.m. *des fermes modèles* 41

modeler v. avec **e/è** : *nous modelons, ils modèlent* ; conjug. 102

modérer v. avec **é/è** : *nous modérons, ils modèrent* ; conjug. 104

moi pron. personnel
- *Donne-moi la carte ; donne-la-moi* et non ~~*donne-moi-la*~~
- *C'est moi qui irai. Lui et moi partirons à l'aube.* 52-53

moins adv.
- accord avec moins de deux 73

mois
- majuscule ou minuscule aux noms de mois ? 191

moitié n.f.
- accord avec la moitié des 72

monde n.m.
- accord avec tout le monde 77

monsieur n.m. au pluriel : *messieurs*
- abréviation 212

moquer (se) v.pron. *Elles se sont moquées de toi.* 63

mordre v. conjug. 141

morfondre (se) v.pron. conjug. 141

mors n.m. avec **s** : *prendre le mors aux dents*

moudre v. conjug. 145

moufle n.f. avec un seul **f**

mourir v. avec un seul **r** ; conjug. 115
- se conjugue avec l'auxiliaire *être*
- avec **rr** au futur et au conditionnel : *il mourra(it)*
- au subjonctif : *qu'il meure*

mou, molle adj.
- **mol** devant un nom masculin singulier commençant par une voyelle ou un *h* muet

Moyen Âge n.m. s'écrit sans trait d'union et avec des majuscules
- **moyenâgeux, -euse** adj. en un seul mot et avec un seul **n**

multitude n.f. *Une multitude d'oiseaux s'envola* ou *s'envolèrent.* 71

mûr, -e adj. **mûrir** v. avec **û** comme dans les mots de la famille

mûre n.f. **mûrier** n.m. avec **û** : *de la confiture de mûre(s)*

musée n.m. avec **ée** comme *lycée, caducée, mausolée...* 168

mystère n.m. *des invités mystères* 41

mythe n.m. **mythologie** n.f. avec **th** : *les my**th**es grecs*

N

n ou **nn** dans les dérivés des mots en -**on** ? 173

nager v. avec **e** devant *a* et *o* : *il nag**e**ait, nous nag**e**ons* ; conjug. 99

nageoire n.f. avec **eo**

naître v. avec **î** devant un *t* ; conjug. 147
- se conjugue avec l'auxiliaire *être*

narration n.f. **narrateur, -trice** n. **narrer** v. avec **rr**

narval n.m. (animal) *des narvals* 20

natal, -e adj. *des pays natals* 20

nation n.f. **national, -e, -aux** adj. **nationalité** n.f.
- Les mots de la famille de *nation* ne doublent pas le **n**.

nationaliser v. *nationaliser une entreprise* ≠ **naturaliser** v. *naturaliser une personne* (lui donner telle nationalité) 216

nature n.f.
- est invariable après un nom : *des thés nature*

naval, -e adj. *les chantiers navals* 20

naviguer v. avec **gu**, même devant *a* et *o* : *il naviguait, nous naviguons* 99

navigant, -e adj. **navigation** n.f. sans *u*

né, -e adj. avec un trait d'union après un mot : *une musicienne-née, un artiste-né* ; *le premier-né, la dernière-née*

néanmoins adv. sans *t*

négligence n.f. **négligent, -e** adj. avec **ent** : *être négligent* ≠ *négligeant*, participe présent invariable : *Négligeant leurs affaires, ils…* 86
- **négligemment** adv. avec **emm** 205

négliger v. avec **e** devant *a* et *o* : *il négligeait, nous négligeons* ; conjug. 99

n'est-ce pas adv. interrogatif avec un seul trait d'union devant *ce*

nettoyer v. avec **i** devant un *e* muet : *il nettoie* ; conjug. 106
- au futur : *il nettoiera*

neuf, -ve adj.
- *flambant neuf* 83

ni
- accord avec *ni* 78

nier v. au futur : *il niera* 100

n'importe est invariable : *n'importe lequel, n'importe lesquels*

noir, -e adj. *une robe noire* mais : *une robe noir et blanc* 38

noisette n.f.
- est invariable comme adjectif de couleur : *des yeux noisette* 36

nom
- accord du nom 39-41
- noms composés 21
- pluriel des noms propres 22-23

nombre n.m.
- accord avec *un grand, un petit nombre de* :
Un grand nombre de personnes **ont** *été* **blessées.**
Un petit nombre d'adhérents **sera** *suffisant.* 72
- accord avec *nombre de* :
Nombre de ses clients, nombre d'entre eux **sont** *mécontents.*

nord n.m.inv. et adj.inv. 192

notre ou **nôtre** ? 183

nourrir v. avec **rr**, contrairement à *courir* et à *mourir* ; conjug. 109

nourrisson n.m. avec **rr** comme dans *nourrir*.

nous
- accord avec *nous* 75
- *Beaucoup, certains d'entre nous pensent que…* 72

nouveau, -elle adj.
- **nouvel** devant un nom masculin singulier commençant par une voyelle ou un *h* muet : *un nouvel élève* ; *un nouvel hôpital*

nouveau-né n.m. *des nouveau-nés*

noyer v. avec **i** devant un *e* muet : *il se noie* ; conjug. 106
- au futur : *noiera*

nu, -e adj. *pieds nus*, mais *nu-pieds* 32

nuage n.m. *un ciel sans nuages* 18

nuire v. [à] se conjugue comme *conduire*, sauf au participe passé : *nui* ; conjug. 137
- participe passé invariable : *Ils se sont nui.* 65

numéral
- accord des adjectifs numéraux 48-49

O

oasis n.f. *une oasis* 8

obélisque n.m. *un obélisque* 8

obliger v. avec **e** devant *a* et *o* : *il obligeait, nous obligeons* ; conjug. 99

obnubiler v. avec **obnu** et non *omni* 177

obséder v. avec **é/è** : *obsédant, il obsède* ; conjug. 104

obsession n.f. sans accent

observatoire n.m. 166

occuper v. avec **cc** et un seul **p**

occurrence n.f. avec **cc** et **rr**

œil n.m. au pluriel : *yeux*, et *œils* dans les mots techniques : *œils-de-bœuf*

œuvre n.f. et n.m. *une grande œuvre* ; mais : *l'œuvre gravé de Rembrandt, le gros œuvre*

offrir v. conjug. 118
- sans *s* à l'impératif sauf devant *en* : *Offre des bonbons* ; *offres-en à tout le monde.* 94
- *Elle s'est offert des fleurs. Les fleurs qu'elle s'est offertes* 66

-oin ou **-ouin** ? 165

-oir ou **-oire** ? 166

-ole ou **-olle** ? 174

olive n.f.
- est invariable comme adjectif de couleur 36

omettre v. conjug. 149
- au conditionnel : *vous omettriez* et non *ometteriez*.

omoplate n.f. *une omoplate*

on
- accord avec ~ sujet 75
- dans les phrases négatives 178

on-dit n.m.inv. *des on-dit* 21

onze est invariable : *les onze enfants*

opérer v. avec **é/è** : *nous opérons, ils opèrent* ; conjug. 104

opiniâtre adj. avec **â** 184

oppresser v. (étouffer) *Le manque d'oxygène l'oppresse.* ≠ **opprimer** (dominer, écraser) 216

opprobre n.m. avec **bre** : *jeter l'opprobre sur quelqu'un* (la honte, le déshonneur) 177

orange n.f. et n.m. *des oranges*
- est invariable comme adjectif de couleur : *des rubans orange* 36

oranger n.m. avec **er** pour l'arbre ≠ **orangé** (couleur)

orangé, -e adj. et n.m. avec **é** pour la couleur : *des teintes orangées*
- *des rubans jaune-orangé* 37

orbite n.f. *une orbite*

orgue n.m. **orgues** n.m. ou n.f. pluriel 7

orgueil n.m. avec **ueil** 163

ortho- (droit) avec **th**, comme dans **orthographe, orthophonie**… 207

ortolan n.m. (oiseau) sans **h**

-ote(r) ou **-otte(r)** ? 176

ou ou **où** ? 213
- accord avec **ou** 78

oublier v. conjug. 100
- à l'indicatif imparfait et au subjonctif présent : *(que) nous oubliions*
- au futur et au conditionnel : *il oubliera(it)*
- *Toutes ces choses qu'il a oubliées ici !* Mais : *toutes ces choses qu'il a oublié de faire* 62 et 68

ouest n.m.inv. et adj.inv. 192

ouvrir v. conjug. 118
- sans *s* à l'impératif sauf devant *en* : *Ouvre les huîtres. Ouvres-en une douzaine.* 94

ovale adj. et n.m. avec un **e** : *des ballons ovales* ; *un bel ovale*

oxygène n.m. avec **è**

P

pair n.m. au pair, aller de pair, hors pair sans *e* ≠ **paire** n.f. (*une paire de chaussures*)

pal n.m. (pieu aiguisé) *des pals* 20

pale n.f. sans accent circonflexe : *les pales d'un ventilateur*

pâle adj. **pâleur** n.f. **pâlir** v. avec **â**
- *des couleurs pâles* ; mais : *des yeux bleu pâle* 37

palier n.m. avec un seul **l** ≠ **pallier** v.

pallier v. conjug. 100
- On *pallie quelque chose* et non *à quelque chose*.

pané, -ée adj. avec un seul **n**

panel n.m. avec un seul **n**

paon n.m. avec **aon** prononcé *-an-* comme dans *faon* et *taon*

papeterie n.f. sans accent malgré la prononciation courante avec *-pè-*
- la forme *papèterie*, avec un accent grave, est aujourd'hui admise 218

par
- singulier ou pluriel après *par* ? 16
- On écrit avec un trait d'union : *par-ci, par-là* ; *par-dedans* ; *par-delà* ; *par-dessous* ; *par-dessus* ; *par-devers*
- On écrit sans trait d'union : *par ici* ; *par là* ; *par ailleurs* ; *par en haut* ; *par en bas…*

paraître v. avec **î** devant un *t* ; conjug. 146

parallèle adj., n.f. et n.m. avec **ll** en premier

parce que en deux mots
- *parce que* ou *parce qu'* ? 189

par-ci par-là avec des traits d'union

parcourir v. conjug. 114
- au futur : *il parcourra* et non *parcourera*

par-delà, par-dessous, par-dessus avec des traits d'union

pareil, -eille adj.
- accord de sans pareil 83

parfum n.m. avec **um**

1. parler v.
- accord du participe passé :
  – *une langue qu'on a parlée* 59
  – *ils se sont parlé* (l'un à l'autre) 65

2. parler n.m. *les parlers régionaux*

parme adj. inv. *des rubans parme*

parmi prép. sans *s* ≠ **hormis**

paronymes
- principaux paronymes 216

parrain n.m. avec **rr** comme *marraine*

partager v. avec **e** devant *a* et *o* : *il partageait, nous partageons* 99

parterre n.m. en un seul mot : *un parterre de fleurs* ≠ *par terre* (sur le sol)

parti n.m. ou **partie** n.f. ?
- prendre parti : *Ils ont pris parti pour moi* (ils sont de mon côté). ≠ prendre à partie : *Ils nous ont pris à partie* (interpeller).

partial, -e, -aux adj. *Ils sont partiaux* (de parti pris) ≠ **partiel** (pas complet) 216

participe
- accord du participe passé 55 à 70
- participe présent et adjectif verbal 85

partiel, -elle adj. *travailler à temps partiel*

partir v. conjug. 112
- avec l'auxiliaire *être* 57

partisan, -e adj. et n. au féminin : *partisan* ou *partisane*, mais jamais *partisante*

passé, -e participe passé invariable avant le nom et variable après le nom : *passé huit heures, huit heures passées* 58

passer v.
- *elle s'est passée de…, elle s'en est passée* 63

pastel n.m. *des pastels*

pâte n.f. (à tarte) avec **â** ≠ **patte** (d'un animal)
- est invariable comme adjectif de couleur : *des tons pastel*

pâtir v. [de] avec **â** : *Personne n'a pâti de cette situation.* ≠ **compatir** v. sans accent

pâtisserie n.f. avec **â** comme dans *pâte*

patron, -onne n. *un patron, une patronne*
- **patronal, -e, -aux** adj. **patronat** n.m. avec un seul **n** 173
- **patronner** v. avec **nn** 173
- **patronage** n.m. avec un seul **n**

pause n.f. (arrêt) *une pause d'un quart d'heure* ≠ **pose** (de *poser*)

payer v. avec **y** ou **i** : *il paye ou paie* ; conjug. 105
- à l'indicatif imparfait et au subjonctif : *(que) nous payions*
- **paye** ou **paie** n.f.
- **payement** ou **paiement** n.m.

paysan, -anne adj. et n. avec **nn** au féminin 9

pêche n.f. **pêcher** v. **pêcher** n.m. avec **ê** pour le sport ou le fruit et l'arbre

péché n.m. **pécher** v. avec **é** pour la faute : *les sept péchés capitaux*

pécuniaire adj. avec **aire** : *des problèmes pécuniaires* et non *pécuniers*.

pedigree n.m. mot anglais sans accent : *des pedigrees*

peindre v. *je peins, il peint* ; conjug. 143
- à l'indicatif imparfait et au subjonctif : *(que) nous peignions*

pendre v. *je pends, il pend* ; conjug. 141

pénitencier n.m. (prison) avec **c**
- **pénitentiaire** adj. avec **tiaire** : *un établissement pénitentiaire*

penser v.
- sans **s** à l'impératif, sauf devant *en* ou *y* : *Pense à ça, penses-y. Penses-en ce que tu veux.* 94

perdre v. *je perds, il perd* ; conjug. 141

péremption n.f. (même origine que *périmer*) : *date de péremption* ≠ **préemption** (droit prioritaire d'acheter) 216

péremptoire adj. *un ton péremptoire* (catégorique)

péripétie n.f. avec **tie** qui se prononce *-si-*

permettre v. conjug. 149
- accord du participe passé à la forme pronominale : *Elle s'est permis de venir* et non *permise*
- au conditionnel : *vous permettriez* et non *permetteriez*

persévérer v. avec **é/è** : *nous persévérons, ils persévèrent* ; conjug. 104

persifler v. **persiflage** n.m. avec un seul **f** ≠ **siffler**

personne n.f. et pron. indéfini
- accord au féminin pour le nom : *Plusieurs personnes sont venues.*
- accord au masculin singulier pour le pronom : *Personne n'est venu.* 77

peser v. avec **e/è** : *nous pesons, ils pèsent* ; conjug. 102
- accord du participe passé 61

peu adv. et n.m.sing.
- accord avec *peu (de)* 72

peuples (noms de)
- avec une majuscule 190

peut-être adv. avec un trait d'union

phare n.m. *des auteurs(-)phares* 41

philanthrope adj. et n. avec **phil-**, « qui aime » et **anthrop-**, « les hommes » 207

philtre n.m. (boisson magique) ≠ **filtre** (à café) 214

phoque n.m. *les bébés phoques* 41

photo n.f.
- variable comme nom : *des photos en noir et blanc*
- invariable comme adjectif : *des labos photo, des appareils photo* 41

pied

pied n.m.
- sans trait d'union : *pieds nus, pied à coulisse, pied de nez*
- avec un trait d'union : *nu-pieds ; cou-de-pied ; pied-de-biche ; d'arrache-pied ; de plain-pied ; pied-à-terre*

pilule n.f. avec deux fois un seul l

pincer v. avec **ç** devant *a* et *o* : *il pinçait, nous pinçons* ; conjug. 99
- *Elle s'est pincé les doigts ; elle se les est pincés dans la porte.* 66

pingouin n.m. avec **ouin** 165

pique-nique n.m. *des pique-niques*

piqûre n.f. avec **û**

piscine n.f. avec **sc**

piton n.m. (pointe) *un piton rocheux*
≠ **python** (serpent)

pittoresque adj. avec **tt**

placer v. avec **ç** devant *a* et *o* : *je plaçais, nous plaçons* ; conjug. 99

plafond n.m. *des prix plafonds* 41

plaindre v. *je plains, il plaint* ; conjug. 143
- à l'indicatif imparfait et au subjonctif : *(que) nous plaignions*

plain-pied (de) loc.adv. avec **ain** comme dans *plaine* (même origine que *plan*)

plaire v. conjug. 134
- avec î devant un *t* : *s'il vous plaît* 218
- participe invariable : *Elles se sont plu à Paris.* 65

plancher n.m. *des prix planchers* 41

plant n.m. (de *planter*) *un plant de tomates*
≠ **plan** (dessin)

plastic n.m. (explosif) *une charge de plastic*
≠ **plastique** adj. et n.m. (matière)

plâtre n.m. avec **â** comme dans les mots de la famille : *emplâtre, replâtrer*...

plausible adj. (qu'on peut croire) *une excuse plausible* ≠ **possible**

plébiscite n.m. avec **sc**

plein, -e adj. et adv.
- variable après le nom : *Il a les poches pleines de billets.*
- invariable avant le nom : *Il a des billets plein les poches.*
- invariable comme adverbe : *Ils sont gentils tout plein. Ils ont plein de bonbons* (beaucoup).

plénier, -ière adj. avec **é** : *une séance plénière*

pleuvoir v. conjug. 131

plier v. conjug. 100
- à l'indicatif imparfait et au subjonctif présent : *(que) nous pliions*
- au futur et au conditionnel : *il pliera(it)*

plonger v. avec **e** devant *a* et *o* : *il plongeait, nous plongeons* ; conjug. 99

plongeoir n.m. avec **e**

ployer v. avec **i** devant un *e* muet : *il ploie* ; conjug. 106

plupart (la) n.f.sing. ou pron. indéfini
- *La plupart (des gens) **sont** venus.* 72
- *La plupart d'entre nous viendront.*

pluriel
- le ~ des mots simples 20
- le ~ des mots composés 21
- le ~ des noms propres 22-23
- le ~ des mots étrangers 24

plus adv.
- plus de : *Il y a plus de travail. J'ai plus de soucis.* 14
- plus d'un : *plus d'un mois s'était écoulé* 73
- le plus invariable : *ceux qui se sont **le plus** amusés ; celle qui s'est **le plus** amusée*
- le plus, la plus, les plus variable : *C'est **la plus** gentille des filles, **le plus** gentil des garçons.*

plusieurs adj. et pron. indéfini plur.
- *Plusieurs d'entre nous viendront*

plutôt adv. avec **ô**
- en un mot : *Venez plutôt lundi (que mardi).* ≠ **plus tôt** en deux mots (contraire de *plus tard*)

pneu n.m. *des pneus* 20

poêle n.m. et n.f. avec **ê** et un seul **l**

poème n.m. **poète** n. avec **è**
- **poésie** n.f. avec **é**

poids n.m. (à peser) ≠ **pois** (à manger) 214

poignée n.f. *une poignée* avec **ée** ≠ **poignet** n.m. *le poignet* avec **et** 214

poindre v. *Le soleil point, poindra, poignait à l'horizon.*

poing n.m. avec **g** que l'on retrouve dans *poignée*

points (principaux) 194

points cardinaux 192

point-virgule 196

pois n.m. *une robe rouge à pois blancs* ≠ **poids** (à peser)
- pois chiches, petits pois s'écrivent sans trait d'union

poix n.f. avec **x** : *de la poix* (résine poisseuse)

pôle n.m. avec **ô**
- **polaire** adj. sans circonflexe : *le cercle polaire*

polluer v. au futur et au conditionnel : *il polluera(it)* 100

ponctuation 194 à 196

pondre v. conjug. 141

pore n.m. (de la peau) avec **e** ≠ **port** (de marine ou en informatique)

portefeuille n.m. **portemanteau** n.m. en un mot ≠ **porte-monnaie** n.m.inv. en deux mots (*des porte-monnaie*)

porte-parole n.inv. **le** ou **la porte-parole** *d'un mouvement*

pose n.f. (de *poser*) ≠ **pause** (arrêt)

préemption

poser v.
- *Elle s'est posé des questions ; les questions qu'elle s'est posées* 66

posséder v. avec **é/è** : *nous possédons, ils possèdent* ; conjug. 104

possible adj. est variable : *Il a fait toutes les erreurs possibles.*
- le plus, le moins … possible est invariable : *Prenez le plus de fruits possible.*

pou n.m. *des poux* 20

pouls n.m. avec **ls** qu'on retrouve dans *pulsation*

pourcentage n.m.
- accord avec un ~ 72

pourquoi ou **pour quoi** ? 215

pourrir v. avec **rr**

1. pouvoir v. *je peux, tu peux, il peut* ; conjug. 127

2. pouvoir n.m. *avoir tous les pouvoirs*

pratiquer v.
- **praticable** adj. avec **c**
- **pratiquant, -e** adj. et n. avec **qu**

précéder v. avec **é/è** : *nous précédons, ils précèdent* ; conjug. 104
- *ceux qui nous ont précédés* 59

précédemment adv. avec **emm** 205

précepteur, -trice n. (enseignant) ≠ **percepteur** (des impôts) 216

prédécesseur n.m. s'emploie pour un homme ou pour une femme : *Elle fut mon prédécesseur.*

prédire v. se conjugue comme *dire*, sauf *vous prédisez* 137

prééminence n.f. (primauté, supériorité) ≠ **proéminence** (saillie)

préemption n.f. *un droit de préemption* (droit d'acheter avant les autres) ≠ **péremption** n.f. *une date de péremption* (au-delà de laquelle un produit est périmé)

préférer v. avec **é/è** : *nous préférons, ils préfèrent* ; conjug. 104
- *je préférerais que…* 92

préfixe
- les préfixes pièges 202-204

préhensile adj. sans *b* : *un organe préhensile* (qui peut prendre, saisir)

préjugé n.m. avec **é** : *avoir des préjugés* ≠ **préjuger** v. *sans préjuger de…*

préliminaire adj. et n.m. bien dire **préli** et non *prélé* 177

premier, -ière adj. et n.f. s'abrègent en *1ᵉʳ* et *1ʳᵉ* (et non *1ière*) au féminin 212
- On écrit avec une majuscule *le Premier ministre, le Premier Mai* (fête).

prénatal, -e adj. *des examens prénatals* 20

prendre v. *je prends, il prend* ; conjug. 142
- *Tu as pris la voiture ? Oui je l'ai prise ce matin.* 59
- *Marie s'est prise au jeu.* 63
- Mais : *Marie s'est pris une part de gâteau.* 66
- *s'y prendre* : *Elles s'y sont mal prises.*

près adv. avec **è** ≠ **prêt** adj.
- *près de* : *Elle est près de dire oui* (sur le point de). ≠ *prêt à* : *Elle est prête à partir.*

prescrire v. conjug. 139
- *prescrire un médicament* ≠ **proscrire** (condamner, interdire)
- **prescription** n.f. ≠ **proscription** (interdiction) 216

presque ou **presqu'** ? 189

presqu'île n.f. *des presqu'îles*

pressentir v. avec **ss** ; conjug. 112

1. prêt n.m. avec **ê** comme dans *prêter, prêteur*

2. prêt, -e adj. avec **ê** comme dans *apprêter* : *des plats tout prêts*
- *prêt à* : *elle est prête à partir* ≠ *près de* (sur le point de)

prétendre v. conjug. 141

prévoir v. se conjugue comme *voir*, sauf au futur : *je prévoirai*, et au conditionnel : *je prévoirais* 120

prodigue adj. *le retour de l'enfant prodigue* (qui a tout dépensé) ≠ **prodige** (très doué) 216

produire v. conjug. 137

proéminence n.f. (saillie, bosse) ≠ **prééminence** (supériorité)

professeur n.m. ou n.f.
- au féminin on peut écrire *la professeur* ou *la professeure* 12

progrès n.m. avec **ès**

progresser v. **progression** n.f. sans accent

proie n.f. *des proies faciles*

projeter v. avec **t/tt** : *je projetais, je projetterai* ; conjug. 103

prolifique adj. *un chercheur prolifique* (qui produit beaucoup) ≠ **prolixe** (qui parle beaucoup)

promettre v. *je promets, il promet* ; conjug. 149
- au conditionnel : *vous promettriez* et non *prometteriez*
- *C'est la récompense qu'on nous a promise.* 59
- Mais : *Il a fait toutes les choses qu'il avait promis* (de faire). 62
- *Elle s'est promis* (à elle-même) *de venir.* 65

promiscuité n.f. (voisinage désagréable) ≠ **proximité** (terme neutre)

promontoire n.m. avec **e** 166

promouvoir v. *il promeut, nous promouvons* ; conjug. 125

prononciation et orthographe
- l'alphabet phonétique 155-157

pronostic n.m. avec **c** comme *diagnostic*

proposer v. sans *s* à l'impératif : *propose-lui* 94
- *Elle s'est proposée pour ce poste.* 64
- *Tu lui as proposé de venir* ou *elle s'est proposé de venir ?* 65

proscrire v. conjug. 139
- (interdire, condamner) ≠ **prescrire** (ordonner, recommander) 216

protéger v. avec **é/è** : *protéger, il protège* ; et un **e** devant *a* et *o* : *il protégeait, nous protégeons* ; conjug. 104 et 99

proviseur n.m. et n.f. au féminin on peut écrire *proviseure* 12

provoquer v.
- **provocant, -e** adj. avec un **c** : *une attitude provocante* ≠ *provoquant* (participe présent invariable avec *qu*)

prudemment adv. avec **emm** 205

prud'homme n.m. avec **mm** : *le conseil des prud'hommes* ≠ **prud'homal, -e, -aux** adj. avec un seul **m** : *les juges prud'homaux* 198

prune n.f.
- est invariable comme adjectif de couleur : *des robes prune* 36

pseudonyme n.m. avec **-onyme** qui signifie « nom », comme dans *anonyme, homonyme, synonyme*

psychiatre n. sans circonflexe 184

psychologie n.f. avec **y**

psychothérapie n.f. avec **th**
- **psychothérapeute** n. sans *h* à la fin du mot

public, publique adj. 10

publier v. conjug. 100
- à l'indicatif imparfait et au subjonctif : *(que) nous publiions*
- au futur et au conditionnel : *il publiera(it)*

puéril, -e adj. sans *e* au masculin 170

puisque ou **puisqu'** ? 189

puits n.m. avec **ts** : *un puits de science*

pulluler v. avec **ll** d'abord

pupitre n.m. sans circonflexe 184

pur, -e adj.
- pur sang est invariable et sans trait d'union pour l'adjectif : *des chevaux pur sang*
- pur-sang est variable ou invariable avec un trait d'union pour le nom : *des purs-sangs* ou *des pur-sang*

puy n.m. (montagne) avec **y** : *le puy de Dôme* ≠ **puits**

pygmée n.m. avec **ée** comme *musée, mausolée, lycée*… 168

pylône n.m. avec **ô**

python n.m. (serpent) ≠ **piton** (pointe)

Q

quand ou **quant** ? 213

quantité n.f.
- *Quantité de gens pensent que…* 72

quarantaine n.f.
- accord avec une quarantaine de 72

quart n.m.
- accord avec un quart de 72

quatorze est invariable : *Ils sont quatorze.*

quatre est invariable : *leurs quatre enfants* et non *quatre-z-enfants* 178

quatre-vingt(s)
- avec ou sans **s** ? 48

que
- que ou qu' ? 189
- accord avec ~ 76

quelle ou **qu'elle** ? 215

quelque ou **quelques** ? 47

quelque, quel que ou **quelle que** ? 215

quelque chose
- accord avec ~ 77

quelquefois adv. en un mot : *Il vient quelquefois me voir* (de temps en temps, parfois). ≠ **quelques fois** en deux mots : *Les quelques fois où je l'ai vu...*

quelque part adv. en deux mots : *Il doit bien être quelque part.*

quelques-uns, quelques-unes pron. indéfini avec un trait d'union

quelqu'un pron. indéfini 77

qui
- accord avec ~ sujet 76
- accord avec *moi, nous... qui* 53

quinzaine n.f.
- accord avec *une quinzaine de* 72

quiproquo n.m. *des quiproquos*

quitter v. *À grand-mère qui nous a quittés.*

quoique ou **quoi que** ? 215

quota n.m. *des quotas*

quote-part n.f. *des quotes-parts*

R

raccourcir v. avec **cc**

rafale n.f. avec un seul **f** et un seul **l** : *Le vent souffle par rafales.*

raffermir v. avec **ff**

rafle n.f. avec un seul **f**

rai n.m. *des rais de lumière*

raisonner v. (faire un raisonnement) ≠ **résonner** (faire du bruit) 216

ranger v. avec **e** devant *a* et *o* : *il rangeait, nous rangeons* 99

ranimer v. (une flamme) ≠ **réanimer** (un blessé)

rappeler v. avec **l/ll** : *nous rappelons, il rappelle* ; conjug. 102
- accord du participe passé :
– *J'ai rappelé Marie, je l'ai rappelée.* 59
– *Marie s'est rappelée à notre bon souvenir.* 64
– Mais : *Elle s'est rappelé que...* 65

rasséréner v. avec **é/è** : *rasséréner, cela rassérène* ; conjug. 104
- bien dire *-séréner-* comme dans *sérénité* (vient de *serein*)

râteau n.m. avec **â**
- **ratisser** v. sans accent

rationnel, -elle adj. avec **nn**
- **rationaliser** v. avec un seul **n** 173

rayer v. avec **y** ou **i** : *il raye* ou, plus rarement, *il raie* ; conjug. 105
- à l'indicatif imparfait et au subjonctif : *(que) nous rayions*

raz de marée n.m.inv. s'écrit avec ou sans traits d'union : *des raz(-)de(-)marée*

re-, ré- préfixes 204

rebattre v. on dit *rebattre les oreilles à* et non *rabattre*

recenser v. **recensement** n.m. avec **c** d'abord

récent, -e adj.
- **récemment** adv. avec **-emm-**

récépissé n.m. avec **c** d'abord, comme dans *recevoir*, et **ss**

recevoir v. avec **ç** devant *o* et *u* : *je reçois, j'ai reçu* ; conjug. 121
- participe passé invariable en tête de phrase : *Reçu la somme de...* 58

récital n.m. *des récitals* 20

record n.m. *des prix records* 41

recourir v. [à] conjug. 114
- au futur : *il recourra* en faisant entendre les deux *r* et non *recourera*

recouvrer v. (récupérer) *recouvrer la santé* ≠ **recouvrir** (couvrir)

récrire ou **réécrire** v. avec deux formes pour le verbe, mais une seule pour le nom **réécriture**

recru, -e adj. sans circonflexe.
Ils sont recrus de fatigue.

recrudescence n.f. avec **sc**

recueil n.m. **recueillir** v. avec **ueil** 163

récurrent, -e adj. avec **rr**

rédhibitoire adj. avec **dh**

rédiger v. avec **e** devant *a* et *o* :
il rédigeait, nous rédigeons 99

redire v. conjug. 137
- *Redites-le-moi.*

réel, réelle adj. et n.m. avec **ée**

refaire v. conjug. 132
- *une robe qu'on a refait faire* 70

réfectoire n.m. 166

référer (se) v.pron. avec **é/è** : *il se référa, il se réfère* ; conjug. 104
- *elle s'est référée à* 63

réflexe n.m. (réaction automatique)
≠ **reflex** (appareil photo)

refréner ou **réfréner** v. avec **é/è** : *nous réfrénons, ils réfrènent* ; conjug. 104

réfrigérateur n.m. terme générique à préférer à *Frigidaire*, nom de marque

refuge n.m. *des valeurs refuges* 41

régal n.m. *des régals* 20

regimber v. le **g** se prononce *-j-*

régional, -e, -aux adj. avec un seul **n** comme tous les mots de la famille de *région*

règle n.f. avec **è** : *ils sont en règle ; en règle générale*

régler v. avec **é/è** : *il régla, il règle* ; conjug. 104
- **règlement** n.m. avec **è**
- **réglementaire** ou **règlementaire** adj.

On admet aujourd'hui l'orthographe avec **è**, conforme à la prononciation, comme pour les autres mots de la famille. 218

reinette n.f. (pomme) ≠ **rainette** (grenouille)

relais n.m. avec un **s** au singulier ≠ **délai**
- La forme *relai*, proposée par les « Rectifications de l'orthographe » n'est pas enregistrée dans les dictionnaires.

religions (noms de) 191

remanier v. conjug. 100
- au futur et au conditionnel : *on remanierait*
- **remaniement** n.m. avec un **e** muet

remémorer v. avec deux fois un seul **m** comme dans *mémoire*
- *elle s'est remémoré les faits* (à elle-même) mais : *les faits qu'elle s'est remémorés* 66

remercier v. conjug. 100
- à l'indicatif imparfait et au subjonctif présent : *(que) nous remerciions*
- au futur et au conditionnel : *il remerciera(it)*
- **remerciement** n.m. avec un **e** muet

remettre v. conjug. 149
- au conditionnel : *vous remettriez* et non *remetteriez*

réminiscence n.f. avec **sc**

remords n.m. avec **ds**
- on dit : *ils sont bourrelés de remords* et non *bourrés de remords*

remplacer v. avec **ç** devant *a* et *o* : *il remplaçait, nous remplaçons* 99

rémunérer v. avec **é/è** : *nous rémunérons, ils rémunèrent* ; conjug. 104
- avec **m** puis **n** comme dans *monnaie* : *rémunérer* et non *rénumérer*

renaissance n.f. avec une majuscule pour la période historique et le style 190

rendre v. conjug. 141
- *Je lui ai rendu ses affaires, je les lui ai rendues.* 59
- **se rendre à l'évidence** : *Elle s'est rendue à l'évidence.* 64

• se rendre compte : *Elle s'est rendu compte de son erreur.* 66
• se rendre maître : *Ils se sont rendus maîtres, elles se sont rendues maîtres de la situation.*
• se rendre service : *Ils se sont rendu service.* Mais : *les services qu'ils se sont rendus* 66

rêne n.f. (courroie) avec **ê** ≠ **renne** (animal)

renoncer v. avec **ç** devant *a* et *o* : *il renonça, nous renonçons* 99

renouveler v. avec **l/ll** : *nous renouvelons, ils renouvellent* ; conjug. 103
• **renouvellement** n.m. avec **ll**

renseigner v. à l'indicatif imparfait et au subjonctif : *(que) nous renseignions* 101

renvoyer v. conjug. 107

réouverture n.f. avec **ré-** mais *rouvrir* avec **r-**

repaire n.m. (lieu, refuge) *un repaire de voleurs* ≠ **repère** (marque) 214

répandre v. conjug. 141

repartie ou **répartie** n.f. L'orthographe avec **é** est conforme à la prononciation la plus courante.

répartir v.
• accord du participe passé :
– *Les élèves se sont répartis en trois groupes.*
– Mais : *Les professeurs se sont réparti les trois groupes.* 66

repère n.m. (marque) *des points de repère* ≠ **repaire** (refuge) 214
• *des dates repères* 41

repérer v. avec **é/è** : *nous repérons, ils repèrent* 104

répertoire n.m. 166

répondre v. ; *je réponds, il répond* ; conjug. 141

reprocher v. *Elle s'est reproché* (à elle-même) *son absence.* 65

république n.f. avec une majuscule pour une période historique ou un État : *la IIIe République, la République française* 190

requérir v. conjug. 116
• au futur : *ils requerront*

requête n.f. avec **ê** comme dans *quête* et *conquête*

réquisitoire n.m. avec un **e** 166

réseau n.m. *des réseaux*

réserver v. *Elle s'est réservé* (à elle-même) *la meilleure part, elle se l'est réservée.* 66

réservoir n.m. 166

résident, -e n. avec **en** : *une carte de résident* ≠ **résidant** (participe présent invariable) : *les Français résidant à l'étranger*
• **résidence** n.f.
• **résidentiel, -elle** adj. avec un **t**

résigner (se) v.pron. *Ils se sont résignés à partir* 63
• à l'indicatif imparfait et au subjonctif : *(que) nous nous résignions* 101

résonner v. (faire du bruit) ≠ **raisonner** (faire un raisonnement)

résoudre v. conjug. 144
• *elle s'est résolue à* 64

respect n.m. **respecter** v. avec **ct**

ressaisir (se) v.pron. avec **ss**. *Elle s'est ressaisie.* 64

ressembler v. [à] participe passé invariable : *Les deux sœurs se sont longtemps ressemblé* (l'une à l'autre). 65

ressentir v. avec **ss** ; conjug. 112

resserrer v. avec **ss** et **rr**

1. ressortir v. (sortir) conjug. 112

2. ressortir v. [à] (être du ressort de) se conjugue comme *finir* 109
• *Un roman qui ressortit à la science-fiction.*

ressusciter v. avec **sc** à la fin

rester v.
- *ce qui* ou *ce qu'il me reste à faire*
- *reste* en tête de phrase est aujourd'hui le plus souvent invariable : ***Reste** quelques points à régler.*

restreindre v. conjug. 143
- à l'indicatif imparfait et au subjonctif : *(que) nous restreignions*

resurgir ou **ressurgir** v. L'orthographe avec un seul **s** est aujourd'hui la plus fréquente : *Son passé resurgit soudain.*

rétractile adj. avec **ile** et non *ible* : *des griffes rétractiles*

rétribuer v.
- au futur et au conditionnel : *il rétribuera(it)* 100

rétro adj.inv. *des objets rétro* 82

rêve n.m. **rêver** v. avec **ê**

revêche adj. avec **ê**

réveil n.m. avec **eil**
- **réveiller** v.
- à l'indicatif imparfait et au subjonctif : *(que) nous réveillions* 101

révéler v. avec **é/è** : *nous révélons, ils révèlent* ; conjug. 104

revêtir v. se conjugue comme *partir*, sauf *je revêts, tu revêts* où le *t* est conservé, et au participe passé : *revêtu* ; conjug 112

révoquer v.
- **révocation** n.f. **révocable** adj. avec **c**

rez-de-chaussée n.m.inv. *des rez-de-chaussée*

rideau n.m. *des doubles(-)rideaux*

1. rire v. conjug. 140
- participe passé invariable : *Ils se sont ri des difficultés.*

2. rire n.m. *des fous rires*

ris n.m. avec **s** pour la voile et pour le *ris de veau* ≠ **riz** (céréale)

rival, -e, -aux adj. et n. *des équipes rivales, des clans rivaux*

roc n.m. (masse de pierre) ≠ **rock** (musique)

rock n.m. est invariable après le nom : *des chanteurs rock*

roder v. **rodage** n.m. sans circonflexe : *roder un moteur neuf* ≠ **rôder** v. (tourner autour), **rôdeur** n.m. avec **ô**

rompre v. *je romps, il rompt* ; conjug. 141

rond-point n.m. *des ronds-points*

ronfler v. avec un seul **f**

ronger v. avec **e** devant *a* et *o* : *il rongeait, nous rongeons* 99

rorqual n.m. (animal) *des rorquals* 20

rose n.f. *un bouquet de roses*
- adj. *des rubans roses* ; mais : *des rubans rose foncé, rose bonbon* 37
- **rosâtre** adj. avec **â** 184

roseau n.m. *des roseaux*

rôtir v. avec **ô** comme dans tous les mots de la famille : *rôtisserie, rôtissoire, rôti*

rouge adj. *des robes rouges* ; mais : *des robes rouge clair, rouge sang, rouge écarlate*, etc. 37
- **rougeâtre** adj. avec **â** 184

rougeole n.f. avec un seul **l** 174

roulotte n.f. avec **tt** 176

rouvrir v. conjug. 116
- **réouverture** n.f. avec **ré-**

roux, rousse adj. et n. 10

ruisseler v. avec **l/ll** ; conjug. 103
- **ruissellement** n.m. avec **ll** : *des eaux de ruissellement*

rustre adj. et n. (grossier) avec **tre** ≠ **fruste**

rythme n.m. avec **th**

S

saccade n.f. avec **cc**

saccager v. avec **e** devant *a* et *o* : *saccageant, saccageons* 99

sacrifier

sacrifier v. *Ils se sont sacrifiés. On les a sacrifiés.*
- à l'indicatif imparfait et au subjonctif présent : *(que) nous sacrifiions*
- au futur et au conditionnel : *il sacrifiera(it)* 100

safari n.m. *des safaris-photos*

safran n.m.
- est invariable comme adjectif de couleur 36

sage-femme n.f. *des sages-femmes*

saillir v.
- (pointer, être saillant) se conjugue comme *assaillir* : *ses muscles saillaient* 119
- (saillir une jument) se conjugue comme *finir* 109

sain, -e adj. avec un **a** qu'on retrouve dans *santé*
- **sain et sauf** s'accorde : *Ils sont sains et saufs, elles sont saines et sauves.*

salir v.
- *Elle s'est salie.* 64
- Mais : *Elle s'est sali les mains.* 66

saluer v. *Il se sont salués* (l'un l'autre) 64
- au futur et au conditionnel : *il saluera(it)* 100

samedi n.m. *les samedis matin* 80

sandwich n.m. *des sandwichs* 24

sangloter v. avec un seul **t** 176

sans
- singulier ou pluriel après ~ ? 17
- **sans que** est suivi du subjonctif : *Il est sorti sans que personne le voie* (on n'emploie jamais *ne*).
- Attention ! on écrit *sens dessus dessous*

sans-abri n. *des sans-abri* ou *des sans-abris*
- de même pour *des sans-cœur(s), des sans-emploi(s),* etc.

saphir n.m. *des saphirs*
- est invariable comme adjectif de couleur : *des yeux (bleu) saphir* 36

sarrasin n.m. (céréale) avec **rr**

satellite n.m. avec **ll**
- après un nom : *des villes satellites*
- mais : *des images satellite* (par satellite) 41

satire n.f. (texte moqueur) avec **i** ≠ **satyre** n.m. (être mythologique ou homme lubrique) 214

satisfaire v. se conjugue comme *faire* : *nous satisfaisons, vous satisfaites,* comme *nous faisons, vous faites* ; conjug. 132

satyre n.m. (être mythologique ou homme lubrique) ≠ **satire** n.f. (texte moqueur)

1. savoir v. conjug. 123
- savoir gré : *je vous sais, je vous saurai gré de bien vouloir…* (et non *je vous serai gré*)

2. savoir n.m. *tous les savoirs*
- savoir-faire : *des savoir-faire* 21

scarabée n.m. avec **ée** comme *musée* 168

sceau n.m. (cachet) *le sceau du roi* avec **sc** comme dans *scellés* ≠ **seau** (récipient) 214

sceller v. **scellés** n.m. plur. avec **sc** : *sceller un accord* ; *un local sous scellés* ≠ **seller** (un cheval)

scénario n.m. *des scénarios* 24

sceptique adj. et n. (qui doute) avec **sc** ≠ **septique** (*fosse septique*) 214
- **scepticisme** n.m.

sceptre n.m. *le sceptre du roi*

schéma n.m. **schématique** adj. avec **sch**

sciemment adv. avec **emm** (en toute connaissance de cause)

scinder v.
- **scission** n.f. avec **sc** puis **ss**

scintiller v. conjug. 101

se ou **ce** ? 213
- accord avec *se* 63-66

seau n.m. (récipient) *des seaux d'eau* ≠ **sceau** (cachet) 214

sécession n.f. avec **c** puis **ss** : *faire sécession*
- avec une majuscule dans *la guerre de Sécession*

sécher v. avec **é/è** : *sèche, séchons* 104
- *Elle s'est séchée.* Mais : *Elle s'est séché les mains.* 66

secourir v. conjug. 114
- au futur : *il secourra*, en faisant entendre **rr**, et non *secourera*

secret, -ète adj. **secrètement** adv. avec **è**

sécréter v. avec **sé**
- avec **é/è** dans la conjugaison : *sécrétons, sécrète* 104

sein n.m. *au sein de* ≠ **seing** n.m. *sous seing privé*, avec un **g** que l'on retrouve dans *signature*

semer v. avec **e/è** : *nous semons, ils sèment* ; conjug. 102

senior ou **sénior** n. et adj. *des ingénieurs seniors, séniors*

sens n.m. *en tout* ou *tous sens* ; *en sens inverse* ; *des mots de même sens, de sens contraire(s)*
- *sens dessus dessous* : *Tout est sens dessus dessous.*

sensé, -e adj. (qui a du sens) *des propos sensés* ≠ **censé** (supposé) 214

sentir v. conjug. 112
- accord du participe passé :
- *La colère qu'il a sentie monter en lui* 68
- *Elle s'est sentie mal.* 64
- *Elle ne s'est pas senti le courage d'y aller.* 66
- *Elle s'est sentie mourir.* 68

septembre n.m.

septique adj. *une fosse septique* ≠ **sceptique** (qui doute) 214

série n.f. *Une série d'accidents **a** eu lieu* ou ***ont** eu lieu.* 71

serein, -e adj. (confiant) avec une **e** qu'on retrouve dans *sérénité* ≠ **serin** n.m. (oiseau) avec un **i** qu'on retrouve dans *seriner*

serrer v.
- *Ils se sont serrés l'un contre l'autre.* Mais : *Ils se sont serré la main.* 66

servir v. conjug. 112
- accord du participe passé :
- *Le vendeur les a bien servis.* 59
- *Ils se sont servis tout seuls.* 64
- *Elle s'est servi la plus grosse part, elle se l'est servie toute seule.* 66
- *Elle s'est servie du marteau, elle s'en est servie.* 63

session n.f. *la session parlementaire* ≠ **cession** (fait de céder) 214

seul, -e adj.
- *seul à seul* s'accorde en genre : *Marie a parlé à Julie seule à seule.* 83

shampoing ou **shampooing** n.m.

si
- *si* ou *s'* ? 189
- devant une hypothèse ou une condition, *si* n'est jamais suivi du conditionnel : *Si **j'avais** su, je ne serais pas venu* ; et non *si j'aurais su*

siècle n.m.
- reste au singulier dans : *le XVIe et le XVIIe siècle* ; *au XVIIe et au XVIIIe siècle*
- est au pluriel si le deuxième élément est sans article : *les XVIIe et XVIIIe siècles* ; *aux XVIIe et XVIIIe siècles*

siffler v. avec **ff** comme tous les mots de la famille, sauf *persifler, persifleur*

sigle 211

signal n.m. *un signal, des signaux*

s'il te plaît, s'il vous plaît avec **î**. *Répondre s'il vous plaît (R.S.V.P.)* 218

siphon n.m. avec **i**

sociable

sociable adj. (qui aime les contacts humains) : *une personne sociable* ≠ **social** (qui vit en société) : *un être social* 216

soi-disant adj.inv. avec le pronom **soi** : *des soi-disant policiers* (qui *se disent tels*)

soie n.f. **soierie** n.f. avec un **e** muet

soir n.m.
- est invariable après un nom de jour : *les dimanches soir* 80

soit
- accord du verbe avec *soit … soit* 78
- (étant donné) est invariable : **Soit** *trois carrés de…*

soixantaine n.f.
- accord avec *une soixantaine de* 72

solennel, -elle adj. **solennellement** adv. **solennité** n.f. avec **e** prononcé -*a*- 155

somptuaire adj. (avec des dépenses excessives) ≠ **somptueux** (luxueux) 216

sorte n.f. *des produits de toute(s) sorte(s)*
- *en quelque sorte* est toujours au singulier

sortir v. conjug. 112
- *Elle s'est sortie de la situation, elle s'en est sortie.* 64

sosie n.m. avec **e**

souffle n.m. **souffler** v. avec **ff** comme tous les mots de la famille, sauf *boursouflé, boursouflure*

souffrir v. conjug. 118

soufre n.m. avec un seul **f**

souhaiter v. *Il souhaite que j'aie* (subjonctif) *mon examen.*
- *Ils se sont souhaité la bonne année.* 66

soûl, -e ou **saoul, -e** adj. La forme avec **û** est aujourd'hui la plus fréquente.

soulever v. avec **e/è** : *nous soulevons, ils soulèvent* ; conjug. 102

soumettre v. conjug. 149
- au conditionnel : *vous soumettriez* et non *soumetteriez*

soupirail n.m. un *soupirail*, des *soupiraux* 20

source n.f. *des fichiers sources*

sourire v. conjug. 140
- participe passé invariable : *Ils se sont souri* (l'un à l'autre). 65

soussigné, -e adj. et n. *Je soussignée Marie Durand atteste que…*

sous-sol n.m. *les sous-sols*

soustraire v. conjug. 133

soutenir v. conjug. 111

souterrain, -e adj. et n.m.

soutien n.m. *des soutiens de famille*

souvenir (se) v.pron. conjug. 111
- *Elle s'est souvenue de cette journée. Elle s'en est souvenue.* 63

soyons, soyez s'écrivent sans *i* : *que nous soyons, que vous soyez* 97

spacieux, -euse adj. avec un **c** ≠ **spatial**

spaghetti n.m. *des spaghettis*

spatial, -e, -aux adj. avec un **t** : *une navette spatiale*

spécial, -e, -aux adj. *des envoyés spéciaux*

sphinx n.m. sans *y*

square n.m. avec un seul **r**

standard adj. *des modèles standards*

station-service n.f. *des stations-service* 21

statu quo n.m.inv. mots latins : *les statu quo*

stéréo n.f. et adj.inv. *des chaînes stéréo* 82

strate n.f. *une strate* ; *différentes strates* 8

subir v. *les violences qu'ils ont subies* 59

subit, -e adj. (soudain) *un froid subit* ≠ *subi*, participe passé de *subir*

substance n.f. avec **e**
- **substantiel, -elle** adj. avec un **t**

subtil, -e adj. sans *e* au masculin 170

subvenir v. [à] conjug. 111
- participe passé invariable 56

suc n.m. (liquide physiologique) *les sucs gastriques* ≠ **sucre**
- *tout le suc de l'histoire* (ce qu'il y a d'essentiel, de succulent)

succéder v. [à] avec **é/è** : *nous succédons, ils succèdent* 104
- participe passé invariable : *les gouvernements qui se sont succédé* 65

successeur n.m. s'emploie pour un homme ou pour une femme : *Elle sera mon successeur*

succès n.m. avec **ès** 180

succinct, -e adj. avec **ct**

succion n.f. avec **cc** qui se prononcent *-s-*

succomber v. [à] participe passé invariable : *Ils ont succombé à leurs blessures.* 56

succulent, -e adj.

succursale n.f. avec un seul **l**

sud n.m.inv. et adj.inv. 192

suffire v. [à] se conjugue comme *interdire*, sauf au participe passé : *suffi* 137
- participe passé invariable : *Marie s'est toujours suffi à elle-même.* 56

suffoquer v. **suffocant, -e** adj. **suffocation** n.f. avec un **c**

suivre v. conjug. 151

sujet
- comment trouver le ~ ? 51

suprême adj. avec **ê**
- **suprématie** n.f. avec **é**

sur, -e adj. (acide) sans circonflexe : *un fruit sur* ≠ **sûr** (certain) 183

sûr, -e adj. **sûrement** adv. **sûreté** n.f. avec **û**

sur-le-champ loc.adv. avec deux traits d'union

surveiller v. à l'indicatif imparfait et au subjonctif : *(que) nous surveillions* 101

survenir v. conjug. 111
- auxiliaire être : *Les événements qui sont survenus hier* 57

survivre v. [à] conjug. 152
- participe passé invariable : *Ils vous ont survécu* (à vous) 56

susceptible adj. avec **sc**

susciter v. avec **sc** : *les réactions que ce film a suscitées* 59

suspect, -e adj. et n. avec **ct** qui ne se prononce pas au masculin

suspendre v. conjug. 141

suspens (en) loc.adv. sans *e* final
- on ne prononce pas le **s** final : *dossiers en suspens*

suspense n.m. avec **e** final : *des films à suspense*

susurrer v. avec un seul **s** intérieur

symboles 209

symétrie n.f.

sympathie n.f. **sympathique** adj. avec **h**

symptôme n.m. avec **ô**
- **symptomatique** adj. sans circonflexe

syndrome n.m. sans circonflexe 184

synonyme adj. et n.m. avec **-onyme** qui signifie « nom », comme dans *homonyme, anonyme*…

synthèse n.f. avec **è**
- **synthétique** adj. avec **é**

système n.m. avec **è**
- **systématique** adj. avec **é**

T

tabou, -e adj. et n.m. *des idées taboues*

tache n.f. (marque) **tacher** v. (salir) sans circonflexe ≠ **tâche** (travail) et **tâcher** v. (faire en sorte de)

tact n.m. sans *e*

tactile adj. 170

tain n.m. (matière) *des miroirs sans tain*
≠ **teint** (couleur de peau)

taire v. conjug. 134
- *Ils se sont tus.*

tampon n.m.
- **tamponner** v. avec **nn** 173

tangent, -e adj. et n.f. *des résultats tangents* (limites)

tanière n.f. avec un seul **n**

tant adv.
- *Il y en a tant qui pensent que…*

taon n.m. avec **aon** prononcé *-an-* comme dans *faon* et *paon*.

tartre n.m. avec **rtr**

tas n.m. *Un tas de gens pensent que…*

tâter v. **tâtonner** v. **à tâtons** loc. adv. avec **â**

tatillon, -onne adj. et n. sans circonflexe

-té ou **-tée** ?
- noms féminins en **-té** ou **-tée** ? 167

teint n.m. *un teint hâlé* ≠ **tain** (matière)

teinter v. (colorer) ≠ **tinter** (sonner) 214

tel, telle
- accord de ~ 45

télé n.f. *des télés*
- est invariable après un nom :
les programmes télé 82

téléphoner v. *Ils se sont téléphoné* (l'un à l'autre). 65

télescope n.m. **télescoper** v.
télescopique adj. sans accent sur le deuxième *e*

télésiège n.m. **téléski** n.m. avec un accent sur le deuxième **e**

témoin n.m. *des appartements témoins* 41
- est invariable en tête de phrase :
*Nous savons tout, **témoin** ces lettres que nous avons trouvées.*

tempête n.f. avec **ê**

temps n.m.
- au singulier : *au temps de, de tout temps, en tout temps, depuis quelque temps*
- au pluriel : *autres temps, autres mœurs*
- tout le temps sans trait d'union
- entre-temps avec un trait d'union

tendre v. *je tends, il tend* ; conjug. 141
- au conditionnel : *vous ten**driez***

tenir v. *je tiens, il tient* ; conjug. 111
- accord du participe passé :
– *Quels rôles ont-elles tenus ?* 59
– *La séance s'est tenue hier.* 63
– *Je les ai tenus au courant.* 59
- tenir compagnie, tenir tête : *Ils nous ont tenu compagnie.*
- s'en tenir à : *Ils s'en sont tenus aux faits.*

tentacule n.m. *un tentacule* 8

terme n.m. est au pluriel dans les expressions où il signifie « mot, propos… » :
Aux termes du contrat. En quels termes vous a-t-il parlé ? Être en bons, en mauvais termes avec quelqu'un.

terre n.f.
- par terre, en deux mots : *tomber par terre* ≠ **parterre** n.m. *un parterre de fleurs*

terre-plein n.m. *des terre-pleins*

terroriser v. **terrorisme** n.m. avec **rr** comme dans *terreur*

tête n.f. avec **ê**

téter v. avec **é/è** : *téter, il tète* 104

têtu, -e adj. avec **ê** comme dans *tête*

thé n.m.
- est invariable comme adjectif de couleur : *des roses thé* 36

théâtre n.m. avec **â**

thérapeute n. avec un seul **h** au début du mot

thym n.m. avec **ym**

-tie prononcé *-ti-* ou *-si-* ? 158

1. tiers n.m. *Un tiers des personnes interrogées ont* ou *a dit oui.* 72

2. tiers, tierce adj. *une tierce personne*

tinter v. (faire un bruit) ≠ **teinter** (colorer)

tintinnabuler v. avec **nn**

tire-bouchon n.m. *des tire-bouchons* 21

toboggan n.m. avec **gg**

tolérer v. avec **é/è** : *tolérons, tolère* ; conjug. 104

tonalité n.f. avec un seul **n**

tordre v. *je tords, il tord* ; conjug. 141

tort n.m. avec **t**

total, -e, -aux adj. et n.m. *un total, des totaux*

tournoyer v. avec **y/i** : *les feuilles tournoyaient, tournoieront* ; conjug. 106

tout
- ~ adjectif indéfini : *tous, toute, toutes* ou ~ adverbe : *tout étonnée, tout autre, toute contente* 46
- sans trait d'union dans les expressions : *tout à coup, tout à fait, tout à l'heure*
- singulier ou pluriel dans les expressions avec ~ ? 19
- tout le monde : *Tout le monde est là.* 77

toutefois adv. en un mot

tout-petit n.m. *les tout-petits*

traduire v. conjug. 137

traîner v. avec **î** comme dans tous les mots de la famille

trait d'union
- emploi du ~ 187

traître adj. et n. avec **î**

trampoline n.m. avec **am** ≠ **tremplin**

transférer v. avec **é/è** : *nous transférons, ils transfèrent* ; conjug. 104
- **transfert** n.m. avec **t**

transhumance n.f. avec **h**

trappe n.f. avec **pp**

trapu, -e adj. avec un seul **p**

travail n.m. *un travail, des travaux*
- **travailler** v. à l'indicatif imparfait et au subjonctif présent : *(que) nous travaillions* 101

tréma
- emploi du ~ 186

trembloter v. avec un seul **t** 176

tremplin n.m.

trentaine n.f.
- accord avec *une trentaine de* 72

tressaillir v. se conjugue comme *cueillir* sauf au futur et au conditionnel : *il tressaillira(it)*, mais on rencontre souvent *il tressaillera(it)*, sur le modèle de *il cueillera(it)* 119

tribunal n.m. *un tribunal, des tribunaux*

tribut n.m. (contribution) : *payer un lourd tribut à* ≠ **tribu** n.f. (groupe social) *une tribu*

triple adj. et n.m. *un texte en triple exemplaire*

trop adv.
- accord avec *trop de* 72

trophée n.m. avec **ée**, comme *lycée* 168

trouver v. *une histoire que j'ai trouvée passionnante* 76
- sans **s** à l'impératif, sauf devant *en* : *Trouve des exemples, trouves-en.* 94
- accord du participe passé :
  – *Elle s'est trouvée là.* 63
  – *Elle s'est trouvé une amie.* 66

truc n.m. avec **c**
- **truquage** ou **trucage** n.m.

tuer v.
- au futur et au conditionnel : *il tuera(it)* 100
- **tuerie** n.f. avec une **e** muet

turquoise n.f.
- est invariable comme adjectif de couleur : *des pulls turquoise* 36

tutoyer

tutoyer v. avec **y/i** : *nous tutoyons, ils tutoient* ; conjug. 106

- **tutoiement** n.m. avec un **e** muet

type n.m. *des formules types*

typique adj. avec **y** comme dans *type*

tyran n.m. *Cette femme est un tyran !*

- **tyrannie** n.f. avec **nn**

U

ubiquité n.f. avec **-qui-** qui se prononce comme dans *cuivre*

-ule ou **-ulle** ? 174

un, une

- accord avec (l')un, (l')une des… qui 74
- accord avec l'un et l'autre, l'un ou l'autre 78

usagé, -e adj. (qui a déjà servi) ≠ **usé** (abîmé)

usager n.m. avec **er** : *les usagers d'un service public*

- l'emploi au féminin commence à se faire entendre : *une usagère*

V

va sans *s* à l'impératif, sauf devant *y* : *Va le voir ! Vas-y !*

- on écrit *à Dieu vat !* avec un **t** qui ne se prononce pas

vaccin n.m. avec **cc** qui se prononce *-ks-*

vaciller v. avec un **c** ≠ **osciller**

va-et-vient n.m.inv. *des va-et-vient*

vaincre v. *je vaincs, tu vaincs, il vainc* ; conjug. 154

vainqueur n.m. *Elle est le grand vainqueur du concours.*

- L'emploi au féminin commence à se faire entendre.

valoir v. conjug. 129

- accord du participe 61
- il vaut mieux, il vaudrait mieux et non *il faut mieux*

vantail n.m. avec **an** : *une porte à deux vantaux* 20

varier v.

- au futur et au conditionnel : *il variera(it)* 100

velours n.m. avec **s**

vendre v. *je vends, il vend* ; conjug. 141

vendredi n.m. *tous les vendredis matin* 80

vénéneux, -euse adj. (qui contient du poison) *des champignons vénéneux* ≠ **venimeux** (qui produit du venin) 216

vénérer v. avec **é/è** : *nous vénérons, ils vénèrent* ; conjug. 104

venger v. avec **e** devant *a* et *o* : *il vengea, nous vengeons* 99

- **vengeance** n.f. avec **gea**

venin n.m.

- **venimeux, -euse** adj. *un serpent venimeux* ≠ **vénéneux** : *un champignon vénéneux*

venir v. conjug. 111

- se conjugue avec être : *elle est venue* 57

ver n.m. *un ver de terre* ≠ **vers** (de poésie) 214

verbe

- l'accord du verbe 50-54
- les groupes de verbes 89
- les conjugaisons 96 à 154

verdâtre adj. avec **â** 184

verglas n.m. avec **s**

- **verglacé, -e** adj. avec **c** : *une route verglacée*

vérifier v. conjug. 100

- à l'indicatif imparfait et au subjonctif : *(que) nous vérifiions*
- au futur et au conditionnel : *il vérifiera(it)*

vermillon adj. inv. *des rouges vermillon*

verrou n.m. *des verrous* 20

versant n.m. avec **t** : *le versant nord d'une montagne*

vouloir

verse (à) loc. adv. en deux mots : *Il pleut à verse*. ≠ **averse** n.f.

verser v.
- *Elle s'est versé deux verres d'eau ; les deux verres d'eau qu'elle s'est versés* 66

verset n.m. avec **t**

vert, -e adj. et n.m. *des motifs verts* ; mais : *des motifs vert foncé, vert clair* 37

vêtement n.m. avec **ê**, comme dans les mots de la famille : *vêtir, revêtir, revêtement*

veto n.m.inv. mot latin invariable et sans accent : *des veto* 25 et 219

veuillez impératif de *vouloir*

viaduc n.m. avec un **c** comme dans *gazoduc, oléoduc*

vice n.m. *le vice et la vertu*

vice versa loc. adv.

vidéo n.f. et adj. inv.
- est variable comme nom : *des vidéos*
- est invariable après le nom : *des jeux vidéo* 82

vieux, vieille adj. et n.
- **vieil** devant un nom masculin singulier commençant par une voyelle ou un *h* muet : *un vieil ami, un vieil homme*

vingt adj. numéral
- avec ou sans **s** dans *quatre-vingt(s)* ? 48

vingtaine n.f.
- accord avec *une vingtaine de* 72

violemment adv. avec **emm** 205

violet, -ette adj. *des fleurs violettes*, mais *des fleurs violet foncé* 37

violon n.m.
- **violoniste** n. avec un seul **n** 173

virgule
- emploi de la ~ 195

viscère n.m. *un viscère* 8

vitrail n.m. *un vitrail, des vitraux* 20

vive
- invariable en tête de phrase : *Vive les vacances !*

vivre v. conjug. 152
- accord du participe passé :
  – *la vie que j'ai vécue ici*
  – *les dix ans que j'ai vécu ici* 61

vœu n.m. *des vœux*

voie n.f. (chemin) avec un **e** ≠ **voix** (organe de la parole)

voir v. conjug. 120
- à l'indicatif imparfait et au subjonctif : *(que) nous voyions*
- accord du participe passé :
  – *Toutes ces choses que Marie a vues ! Toutes ces choses qu'a vues Marie !* 59-60
  – *Des films comme celui-là, j'en ai vu beaucoup !* 62
  – *Pierre et Marie se sont vus hier.* 64
  – *Les acteurs que j'ai vus jouer* 68
  – *La pièce que j'ai vu jouer* (par des acteurs) 68
  – *Elle s'est vue tomber.* 69
  – ***Vu** les circonstances…* 58

voire adv. avec un **e** : *Ce n'est qu'un adolescent, voire un enfant.*

voirie n.f. sans *e* muet, malgré *voie* : *les services de la voirie*

voix n.f. avec **x** : *avoir voix au chapitre* ≠ **voie** (chemin)

volatil, -e adj. sans *e* au masculin 170
- (qui s'évapore) *un produit volatil* ≠ **volatile** n.m. (volailles et autres) 214

volière n.f. avec un seul **l** comme dans *voler*

volontiers adv. avec **s**

votre ou **vôtre** ? 183

vouloir v. conjug. 128
- *Je voudrais bien que…* 92
- accord du participe passé :
  – *Cette promotion, il l'a voulue.* 59 et 75

vous

– *Il a eu la promotion qu'il a voulu avoir.* 62
– *Elle s'en est voulu (à elle-même), ils s'en sont voulu.* 65

vous
- accord avec ~ 75

voûte n.f. avec **û** 218

vouvoyer v. avec **y/i** : *Il me vouvoyait et me vouvoiera encore.* conjug. 106
- **vouvoiement** n.m. avec un **e** muet

voyager v. avec **e** devant *a* et *o* : *il voyageait, nous voyageons* 99

voyelles et semi-voyelles 155 et 157

voyou n.m. *des voyous* 20

vraisemblable adj. **vraisemblance** n.f. avec un seul **s**

vu
- invariable en tête de phrase : *Vu les circonstances…* 58

W

w prononciation 157

week-end n.m. *des week-ends*

X

x prononciation 158

Xième ou **X-ième** adj. *Et je vous le dis pour la X-ième fois…* On écrit aussi *ixième*.

xénophobe adj. et n. (qui n'aime pas les étrangers) 207

xylophone n.m. (instrument de musique) avec **xy** qui se prononce *-ksi-*

Y

y adv. et pron.
- avec un trait d'union après un verbe à l'impératif : *Allez-y.*

yaourt n.m. *des | yaourts*

zénith n.m. avec **th**

-yer verbes en *-yer* 105-107

Z

zéro adj. numéral et n.m. *Ils ont fait zéro faute.*
- Le nom est variable : *Il y a trois zéros dans 1000.*

Maquette intérieure : Anne Gallet
Mise en page : Exegraph
Édition : Luce Camus

Cet ouvrage a été achevé d'imprimer en mai 2009
dans les ateliers de Normandie Roto Impression s.a.s., 61250 Lonrai
N° d'imprimeur : 091595 - Dépôt légal : 118118 - mai 2009 - Imprimé en France